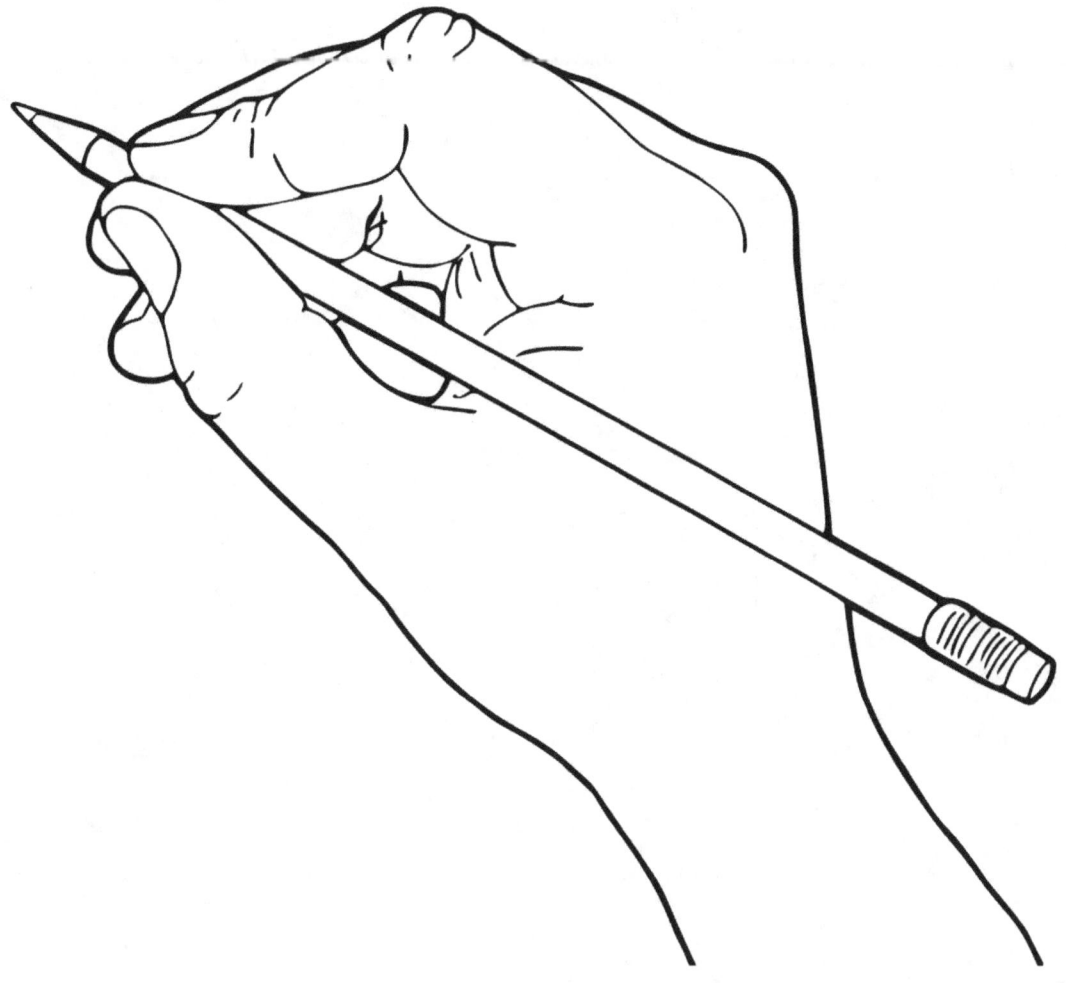

**This notebook belongs to:** _____

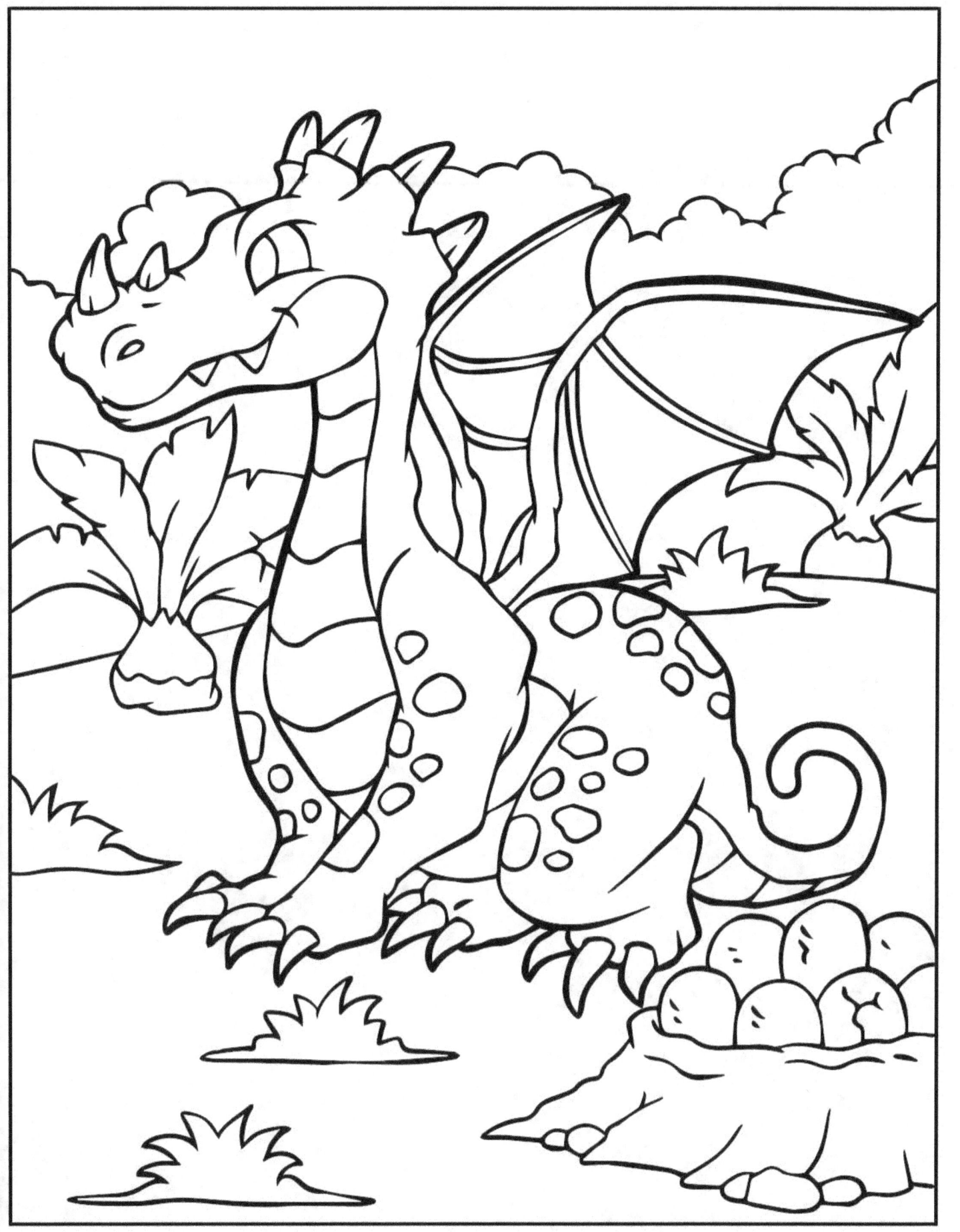

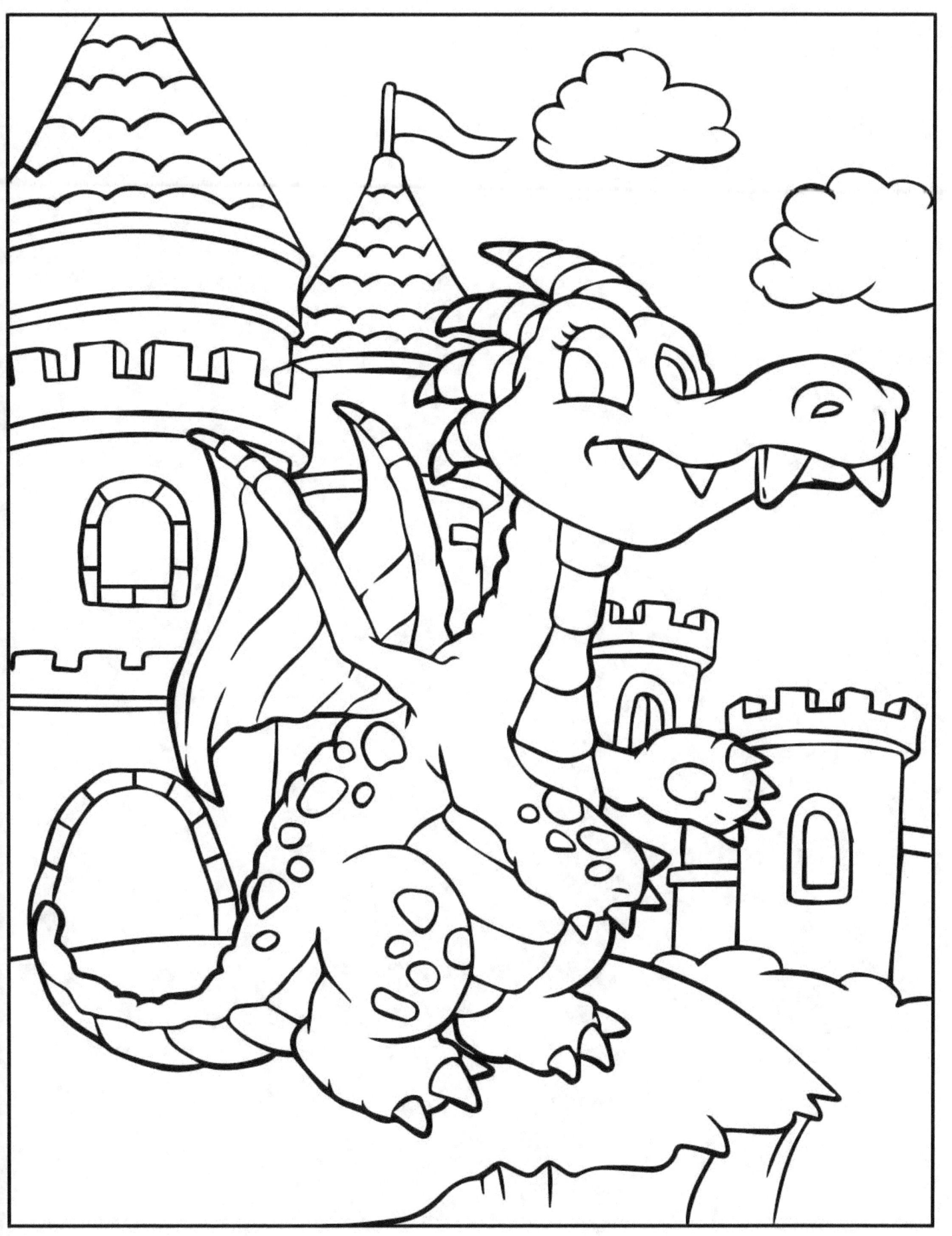

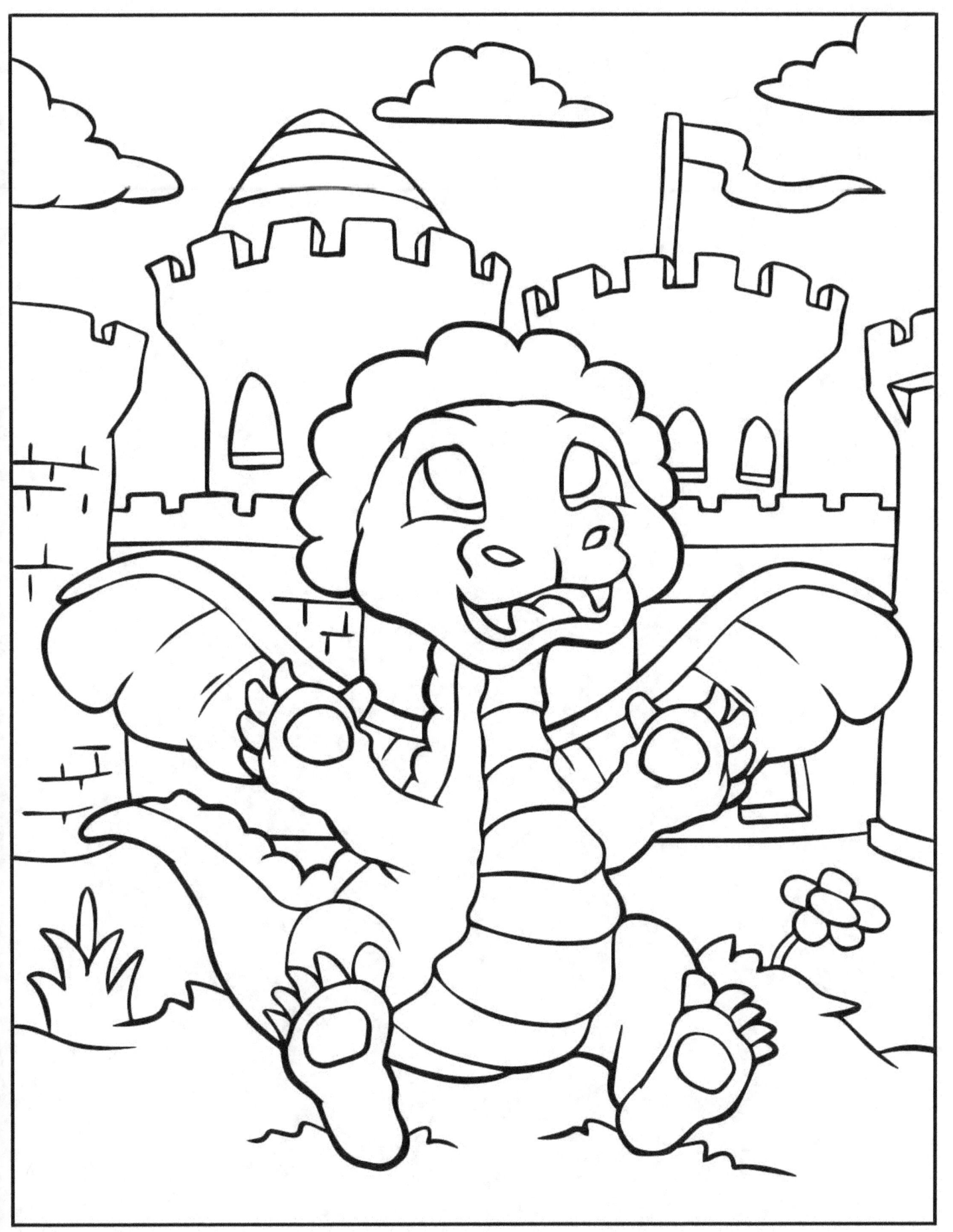

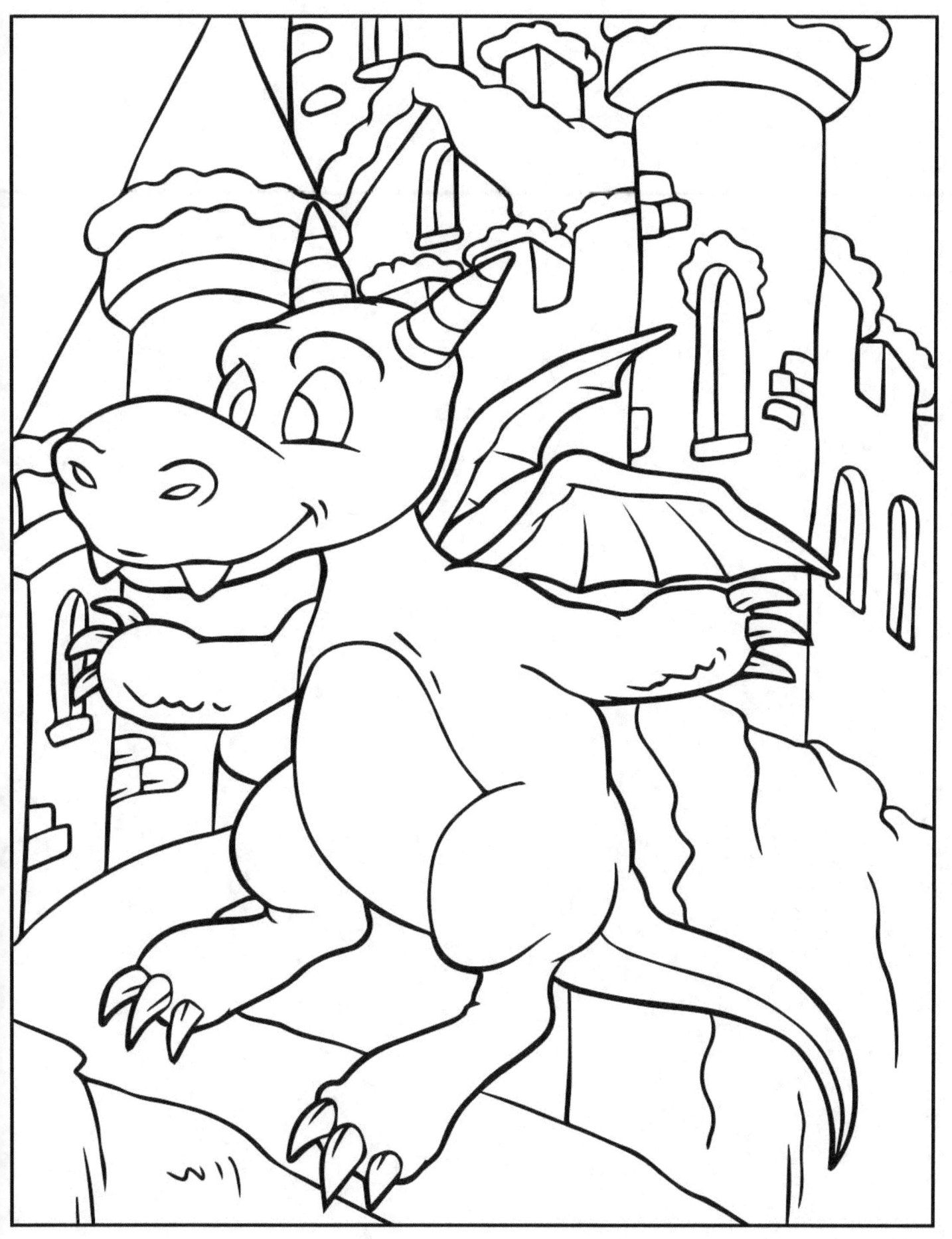

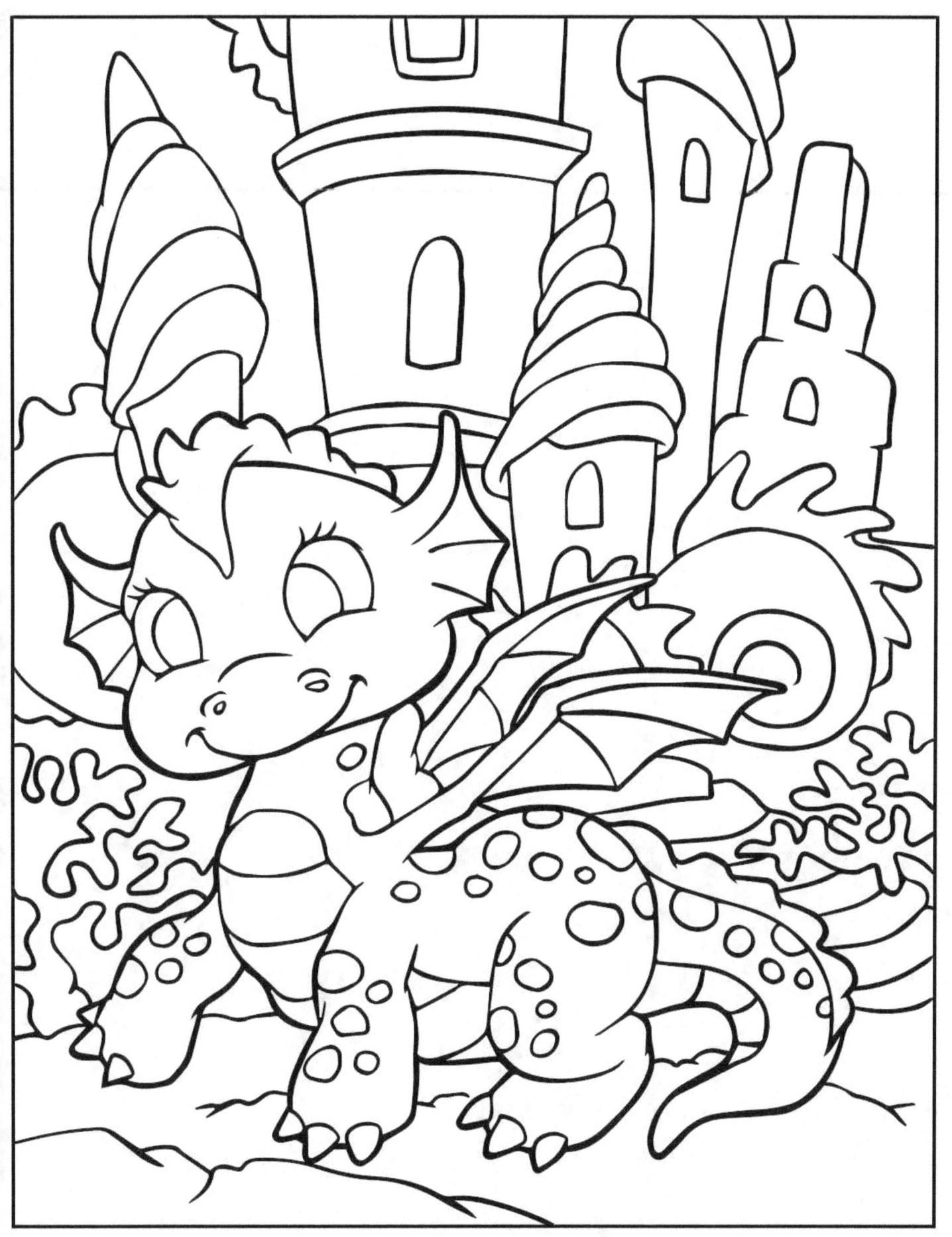

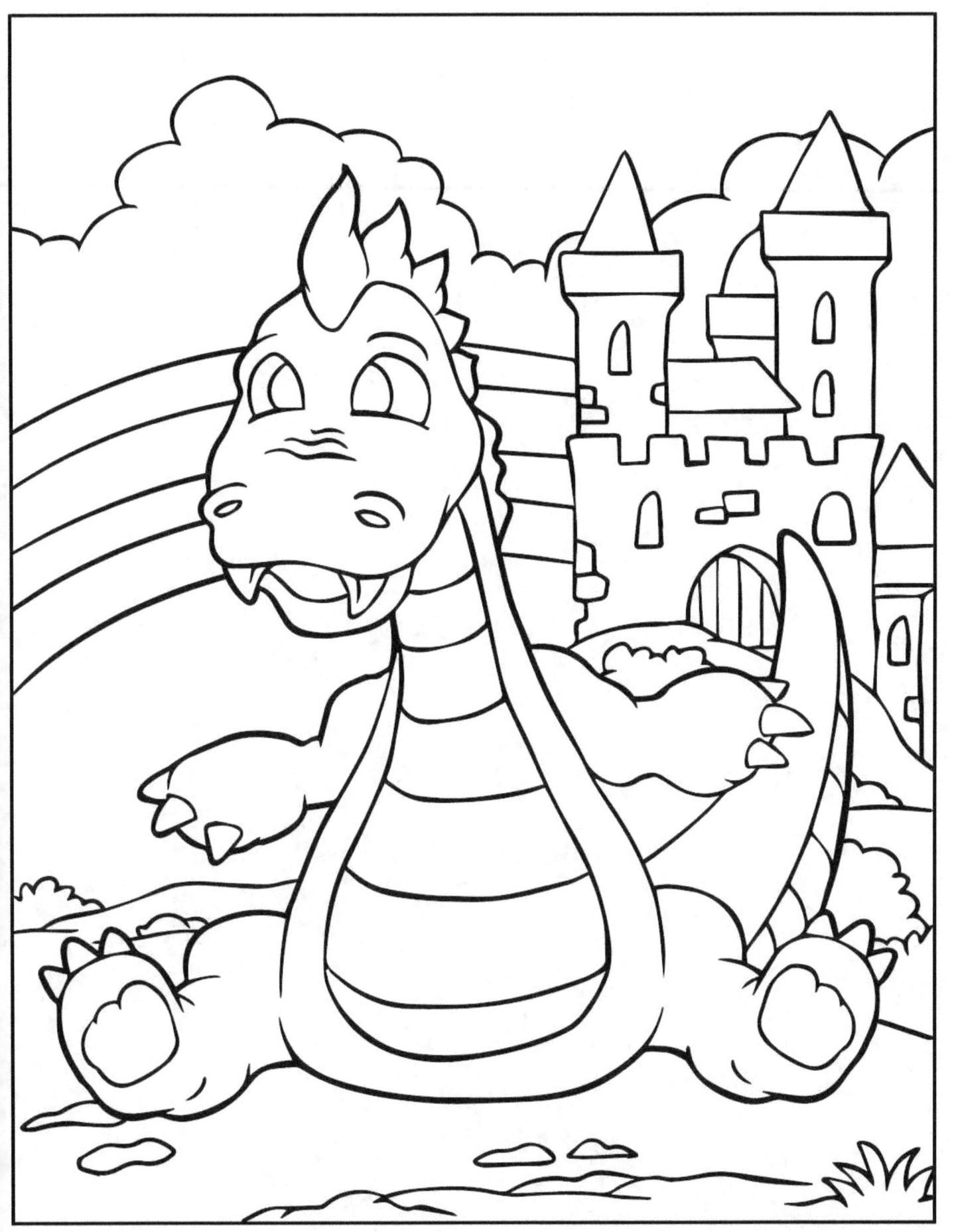

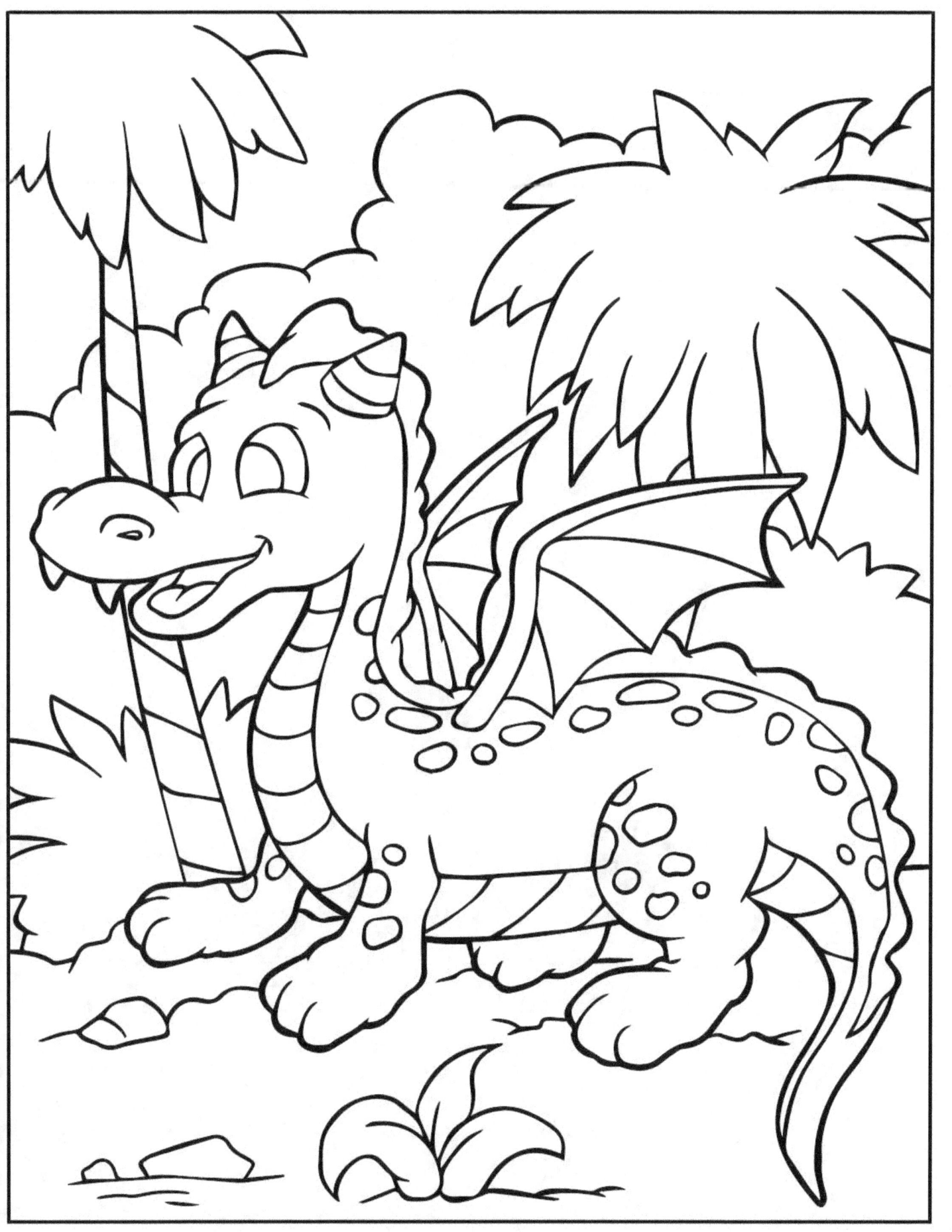

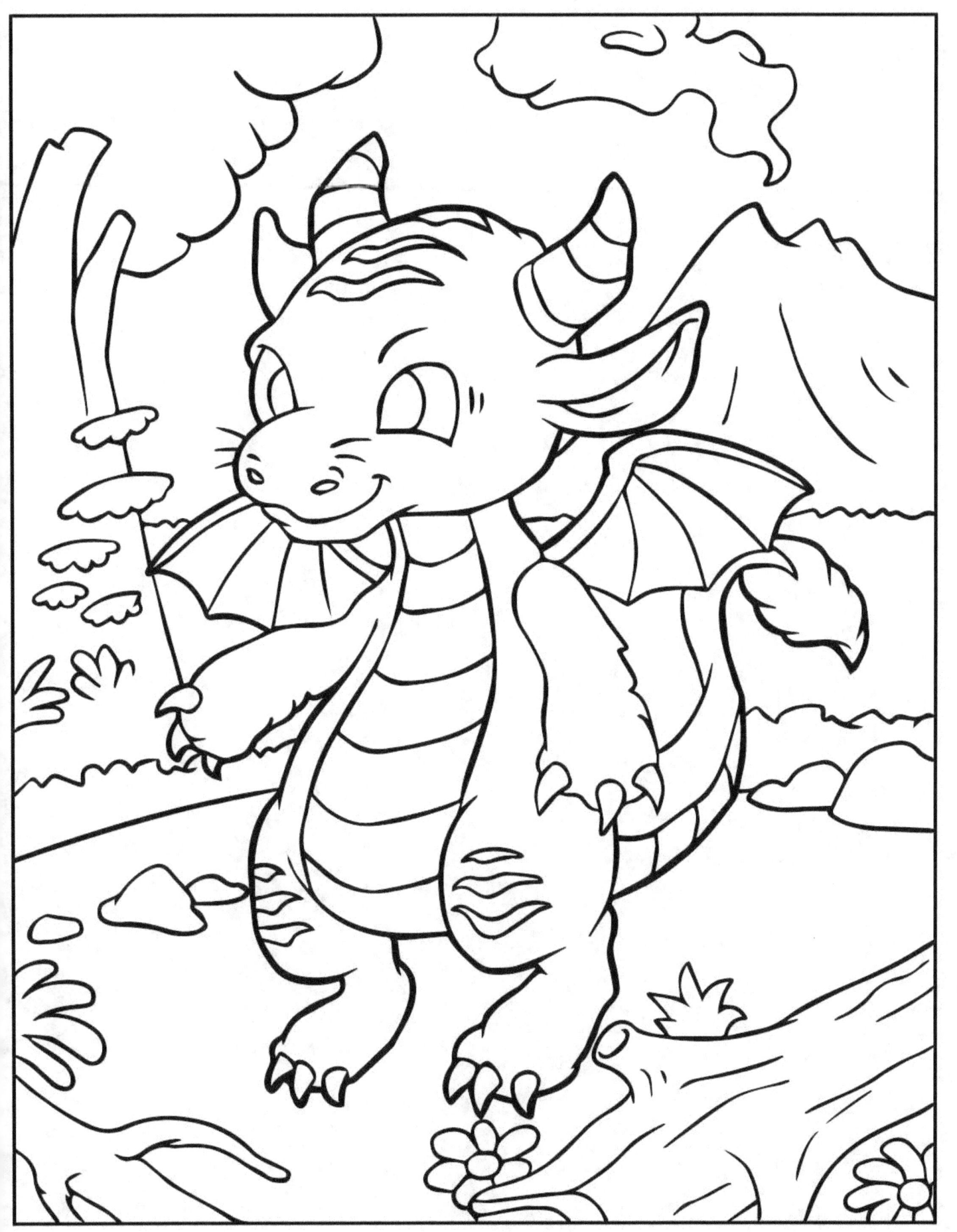

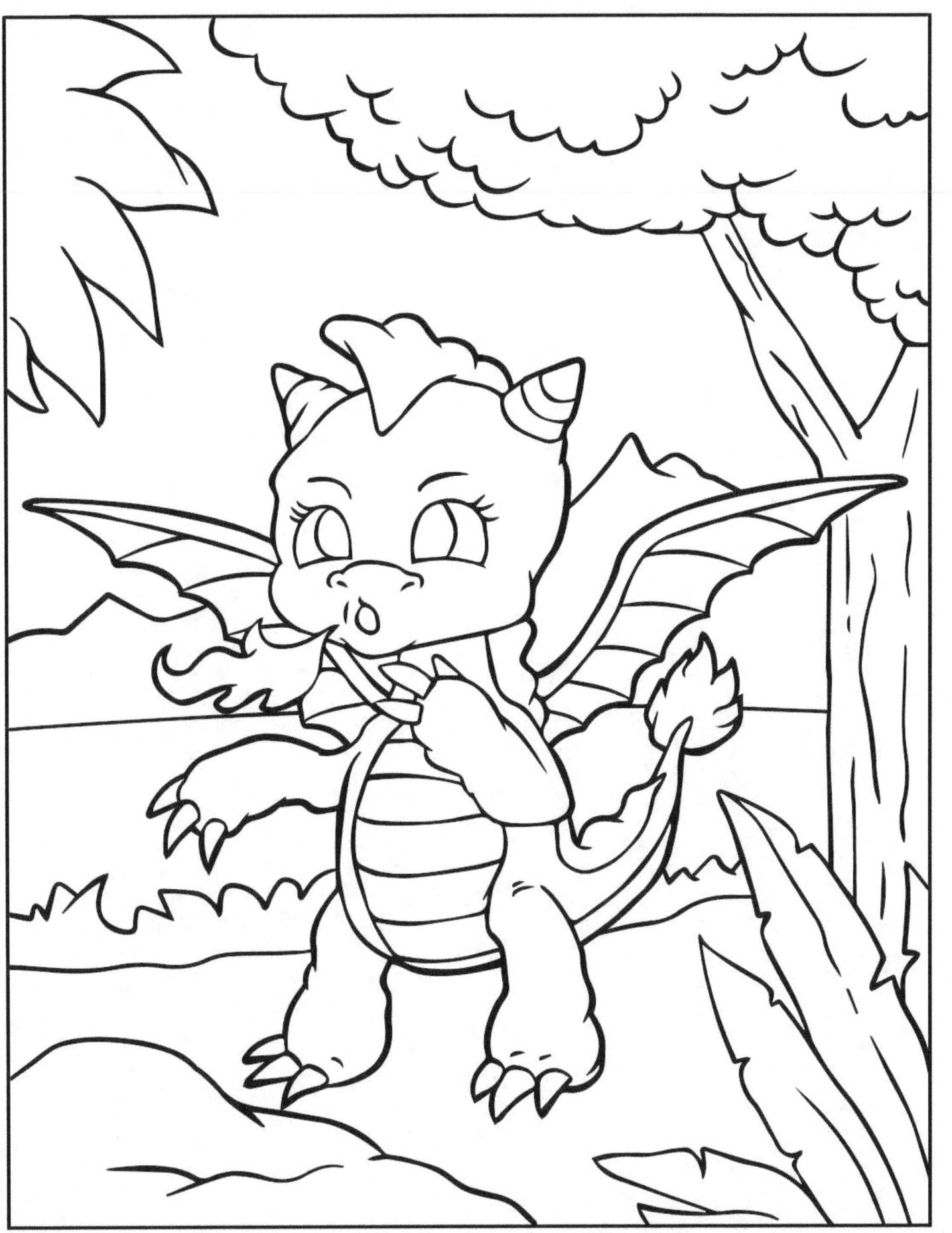

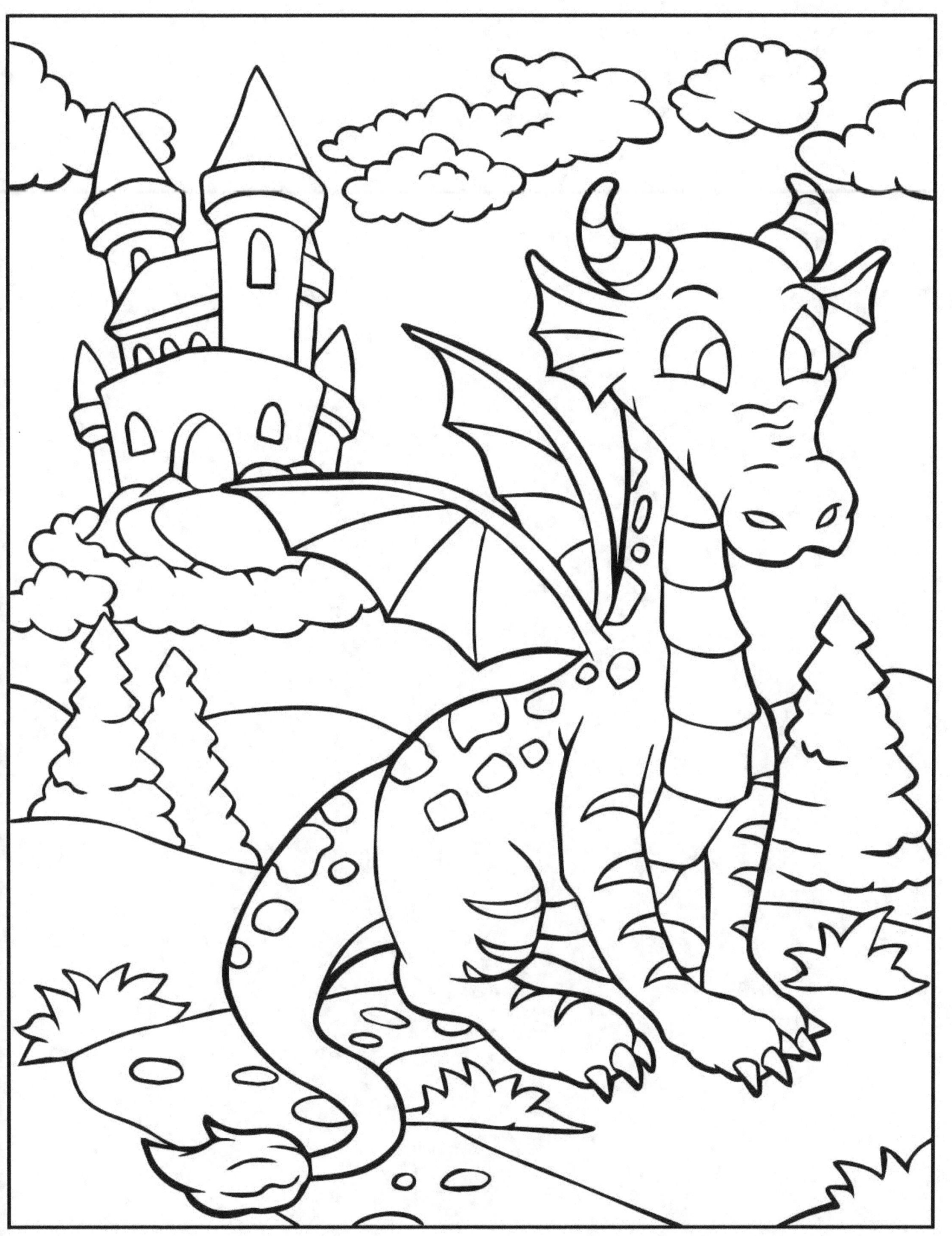

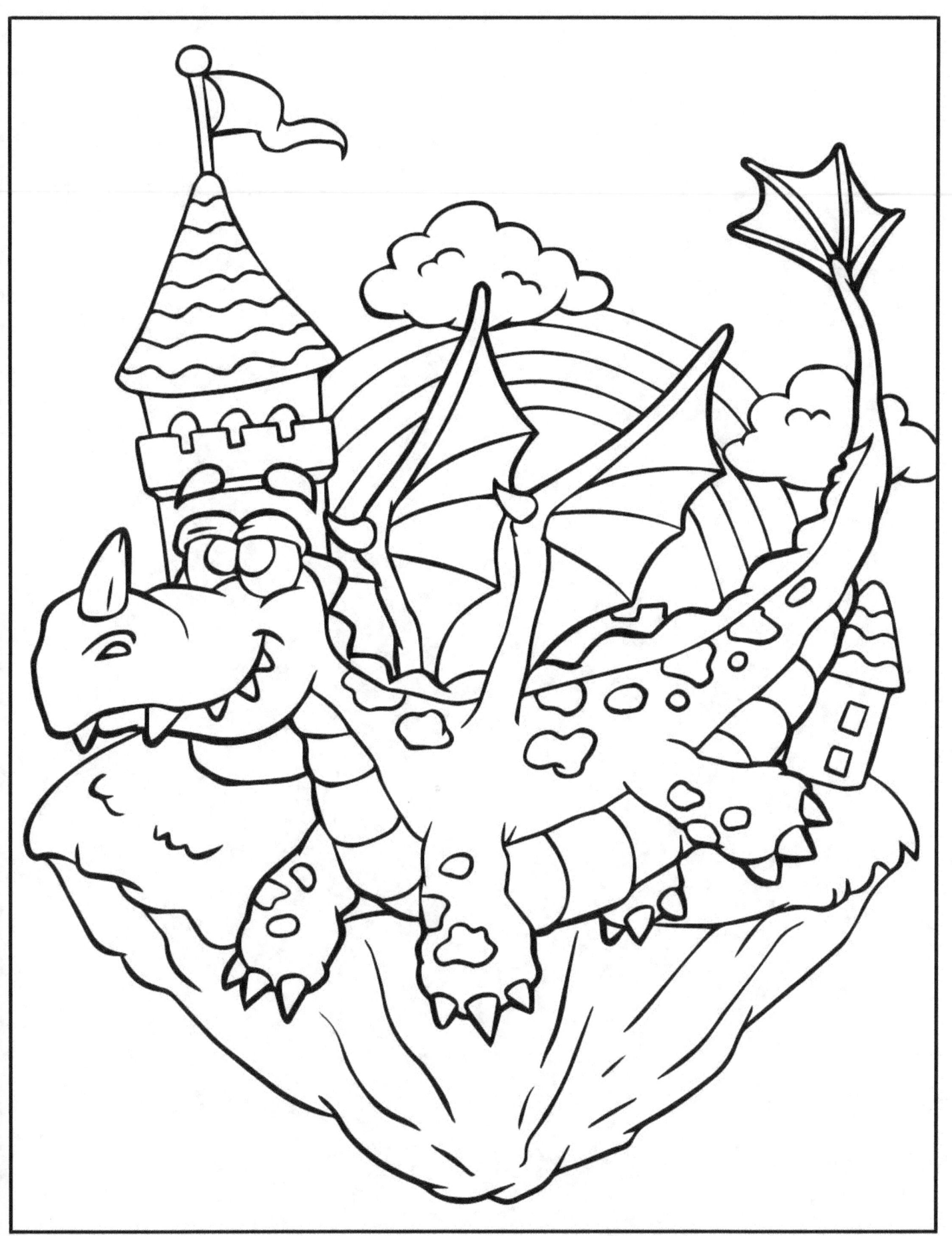

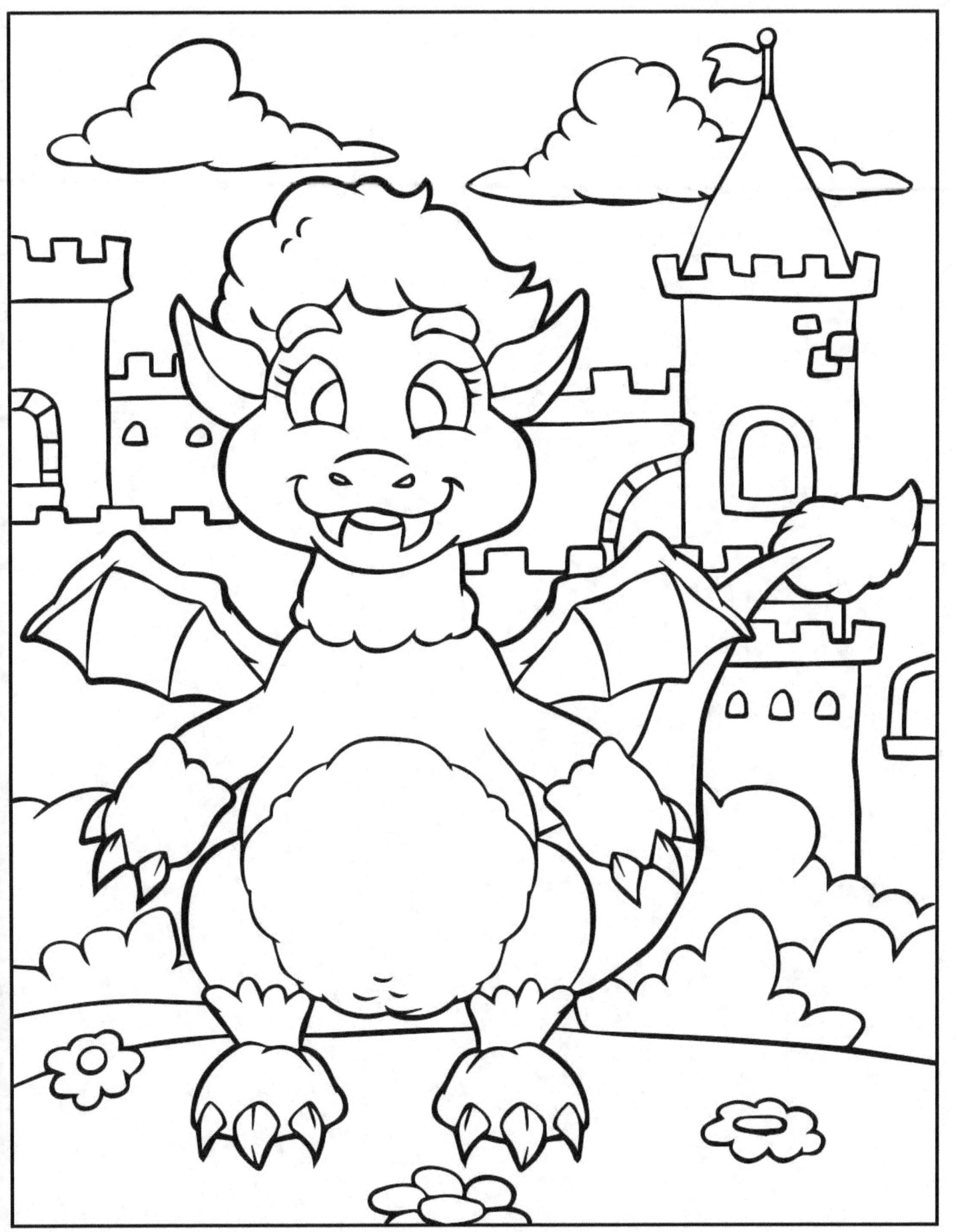

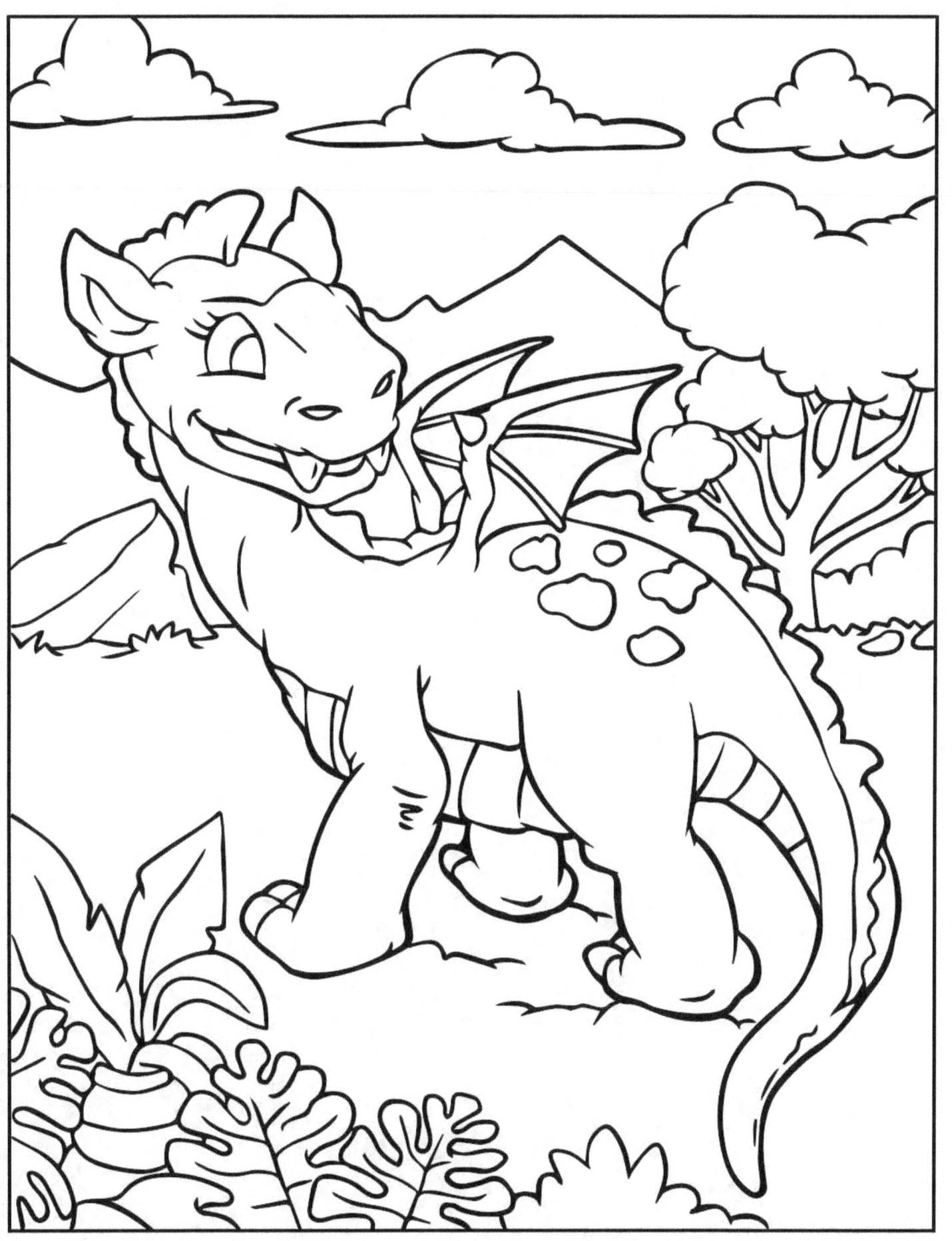

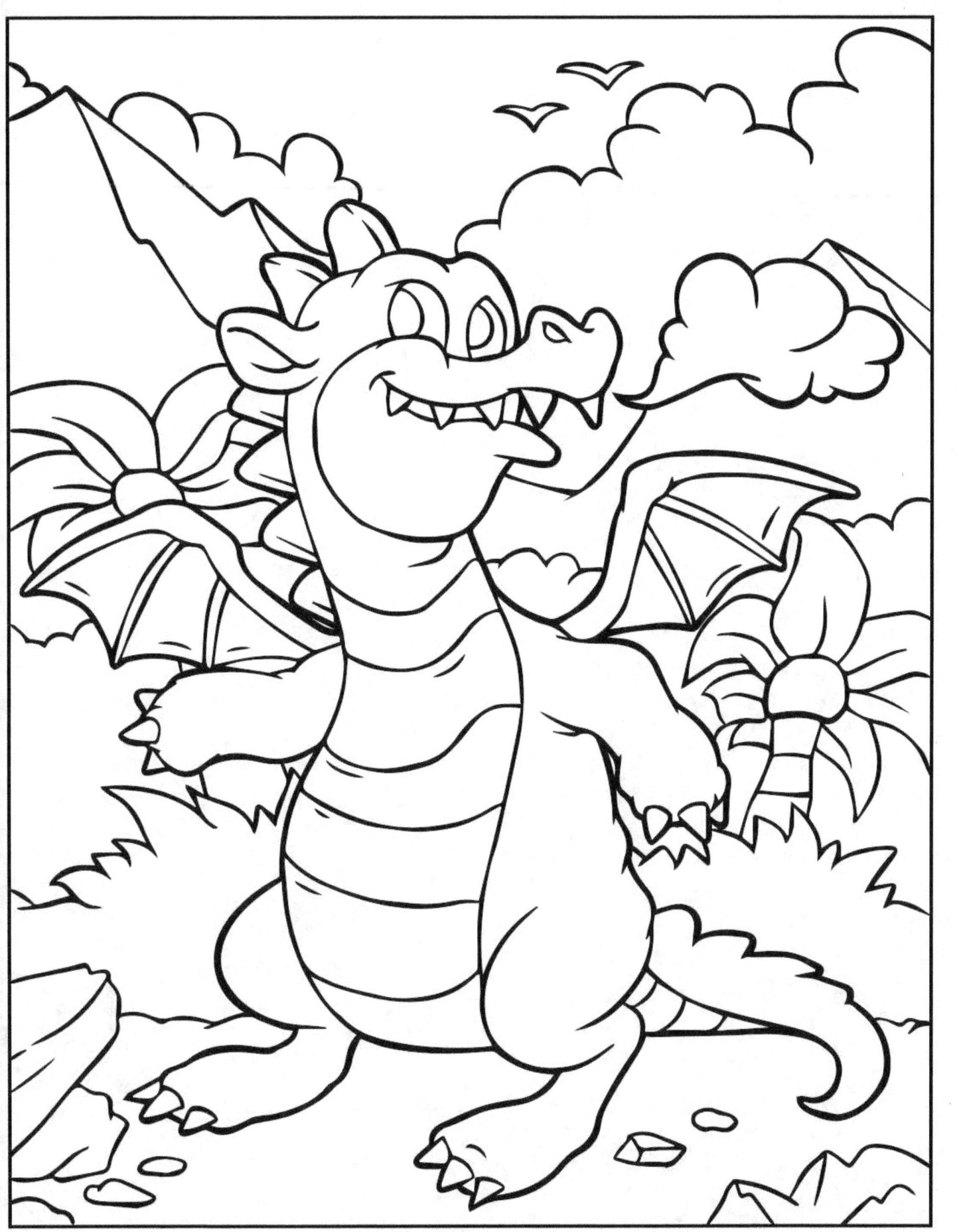

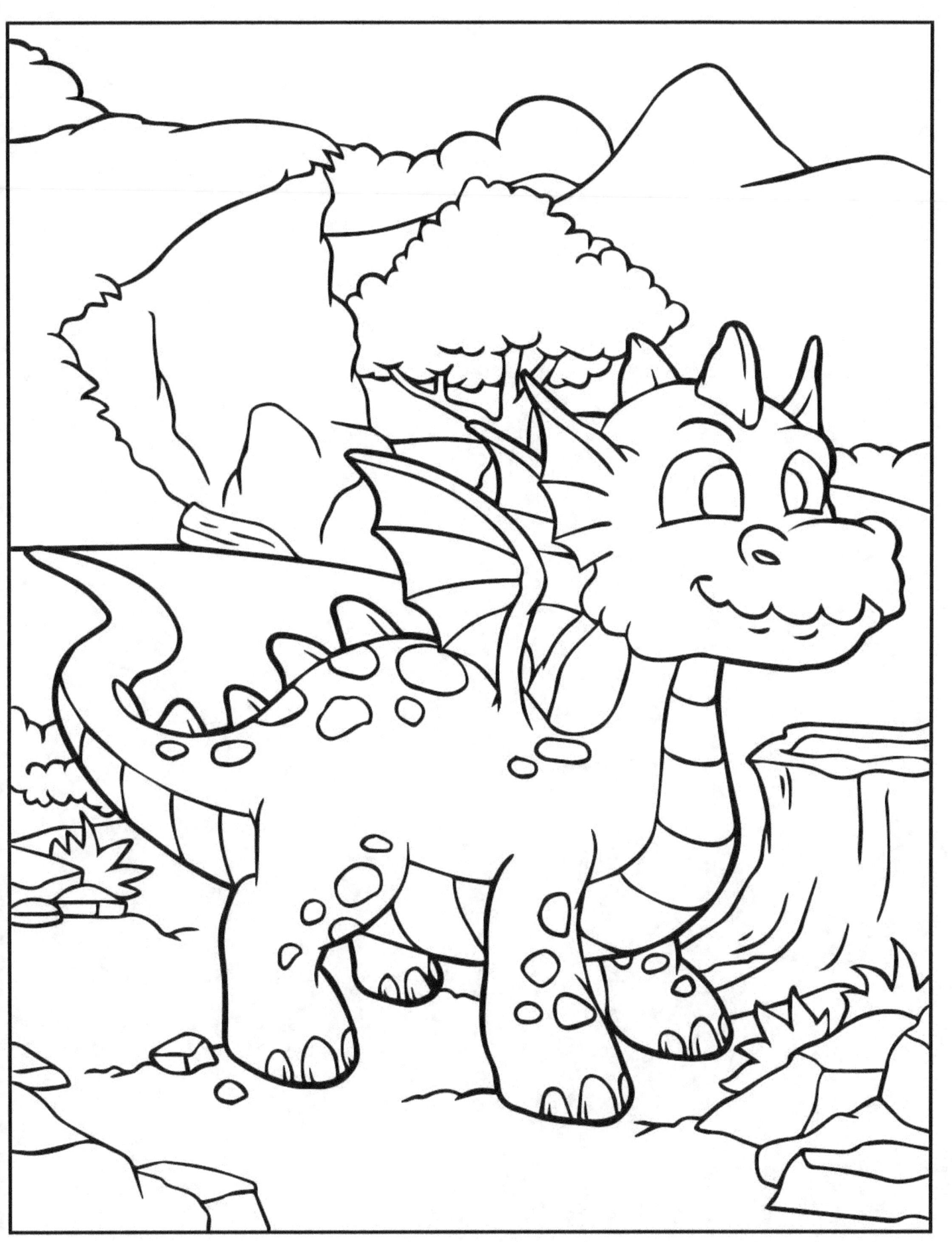

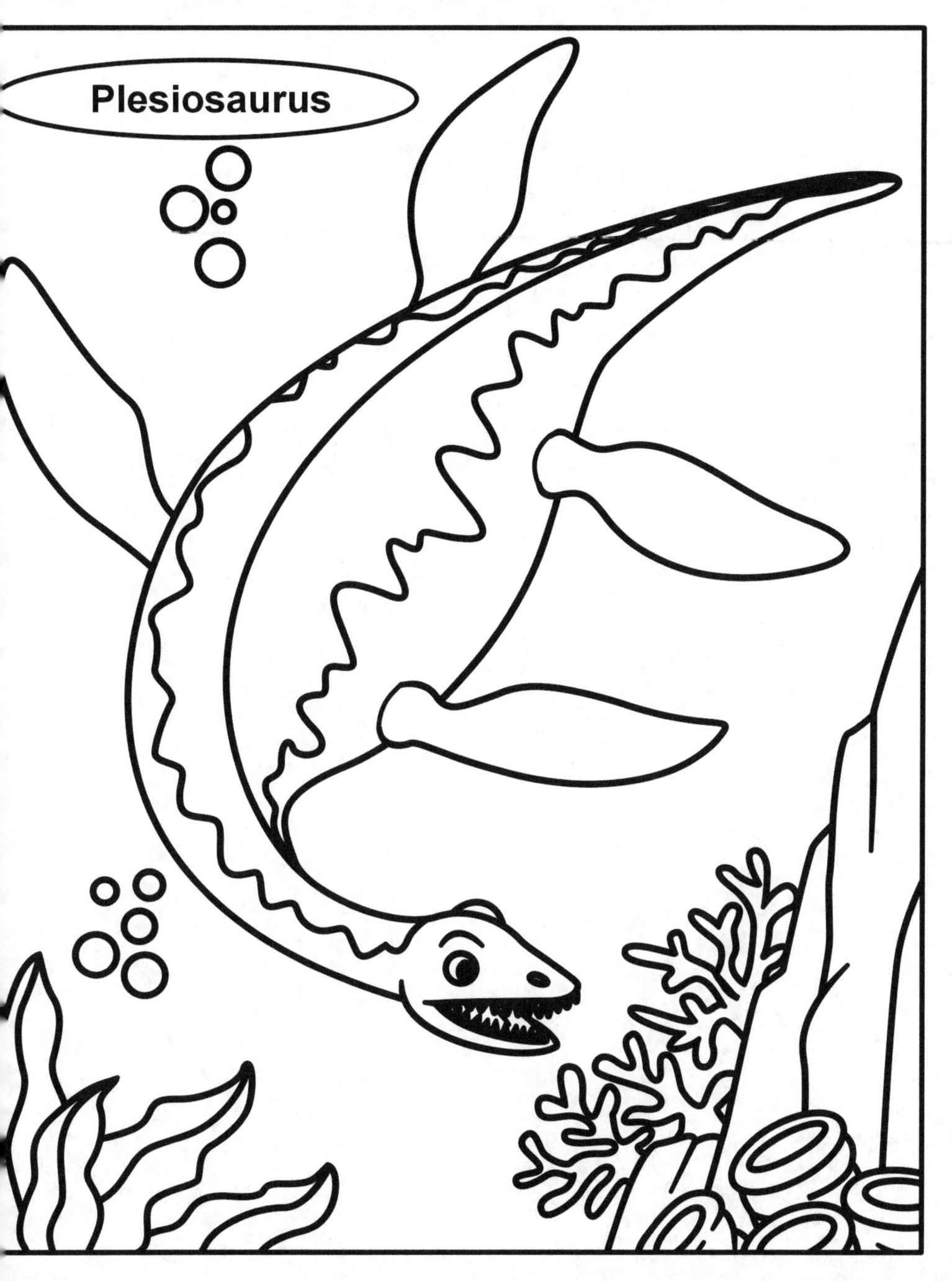

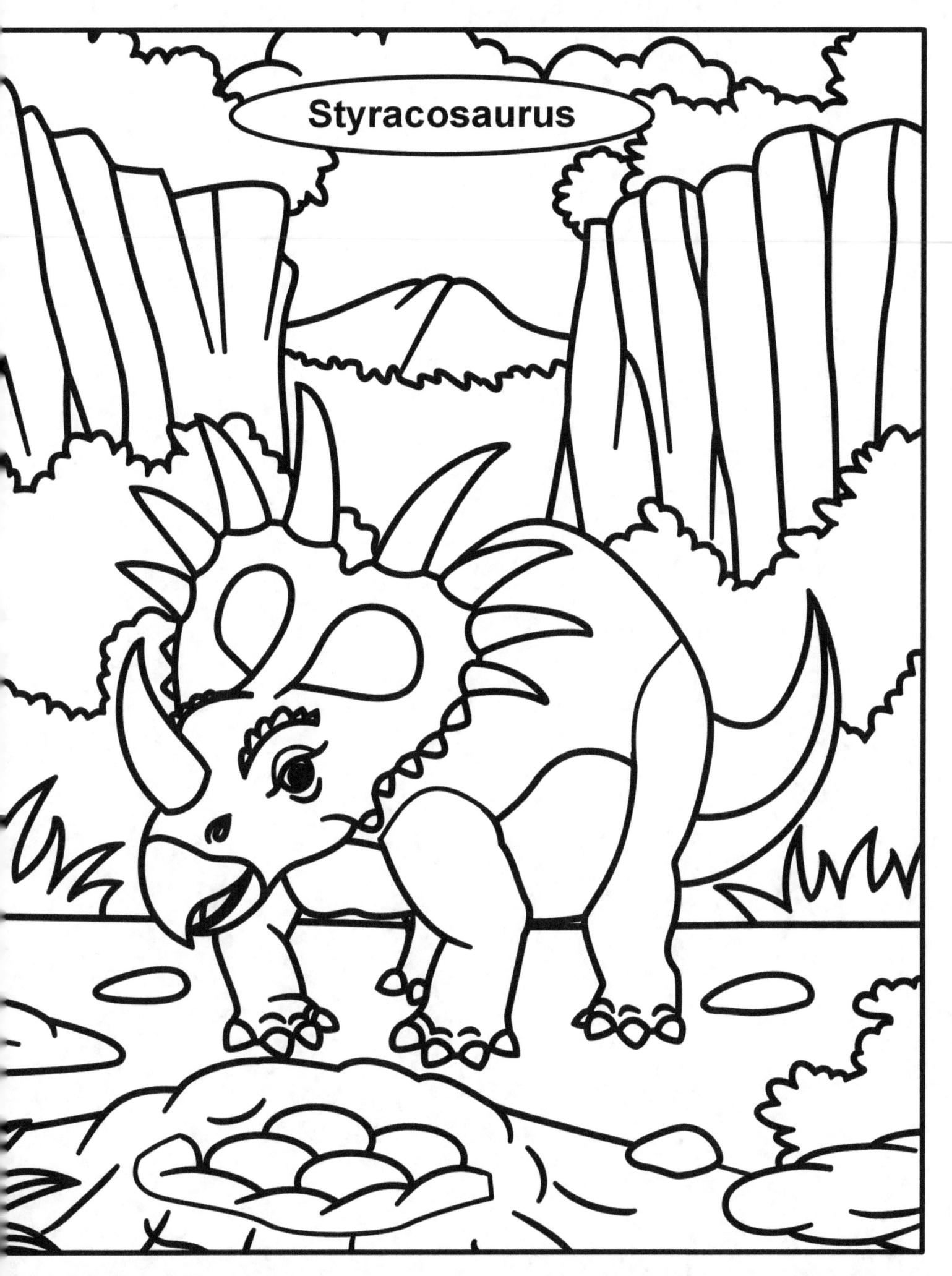

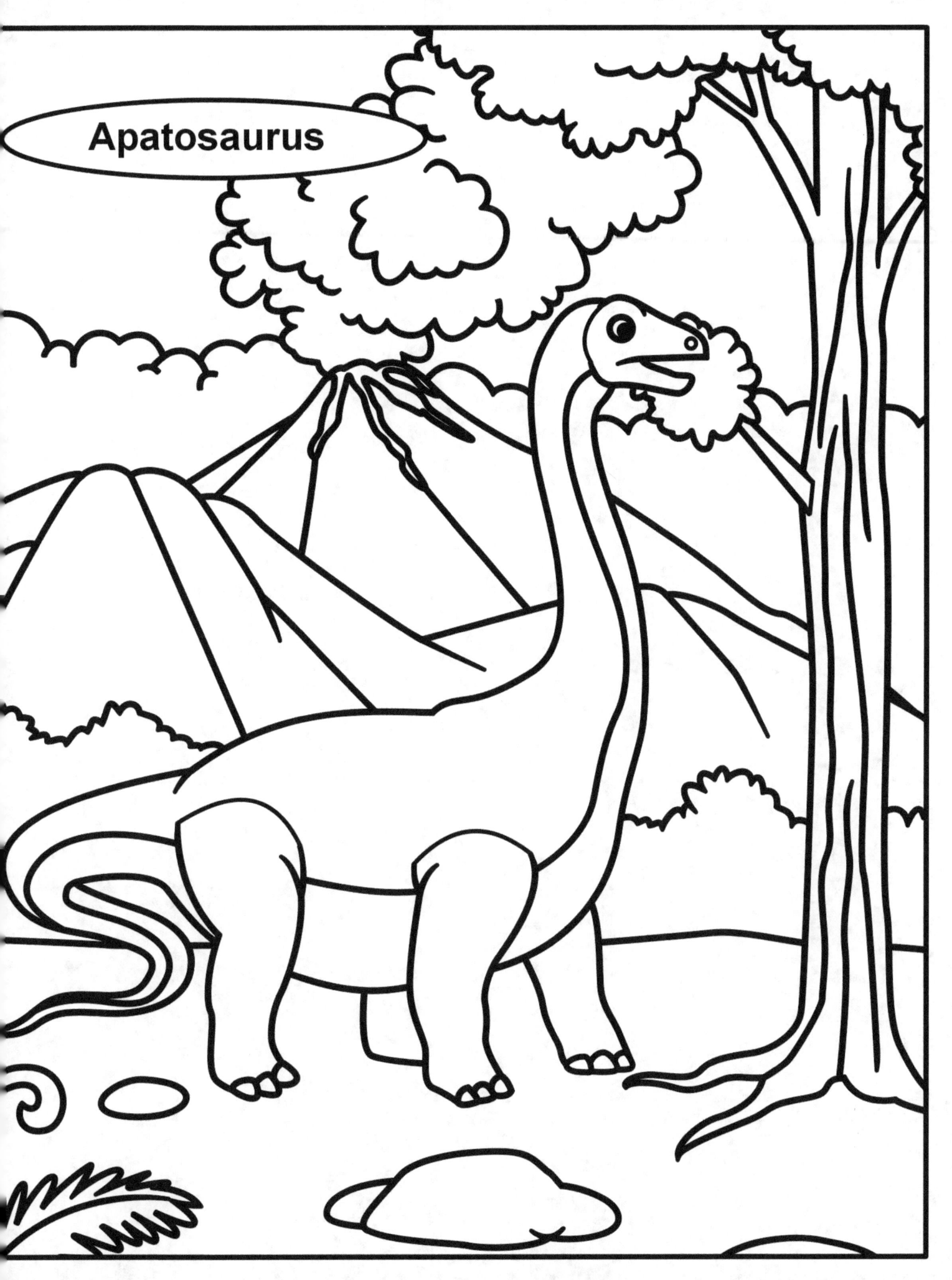

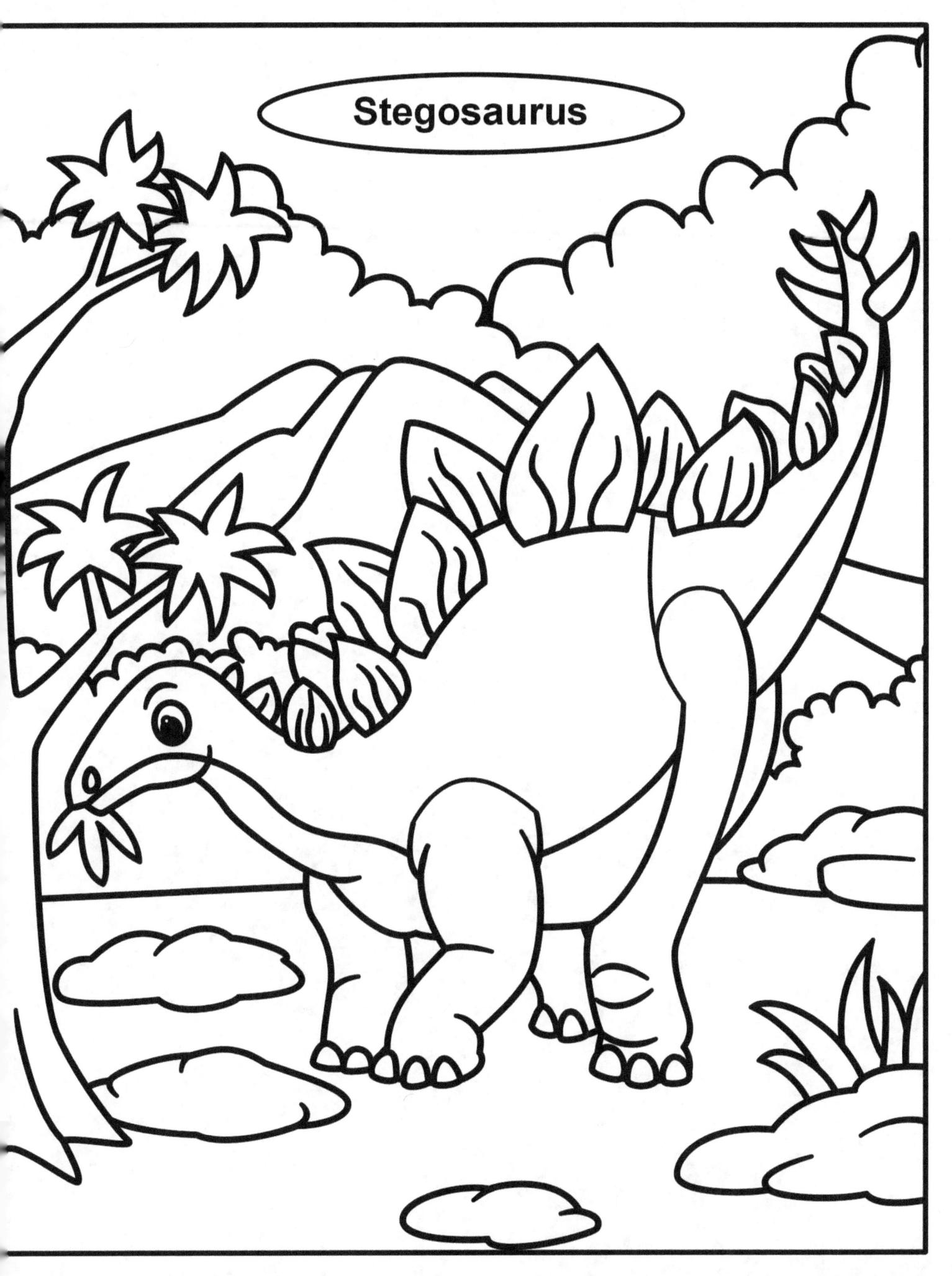

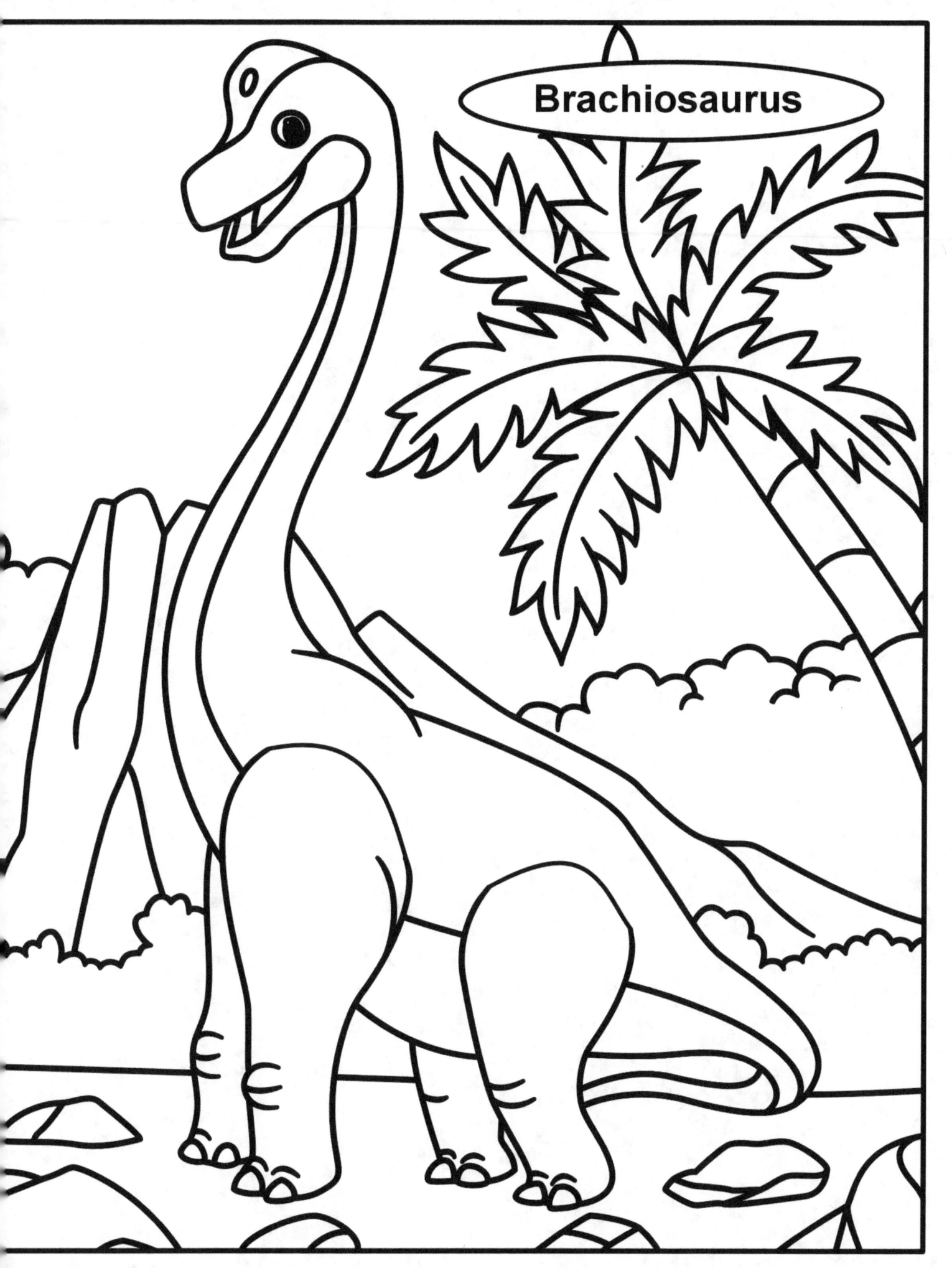

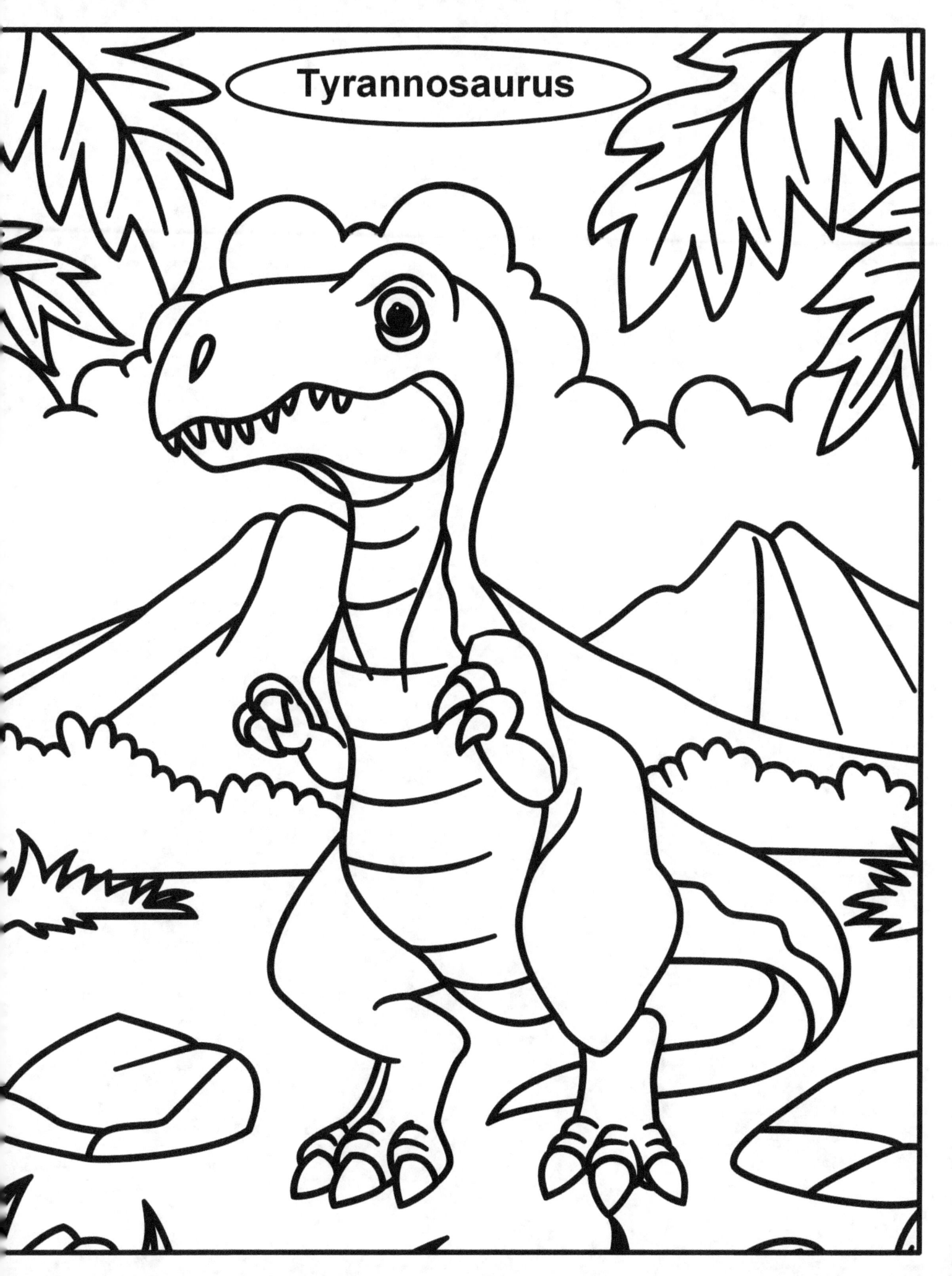

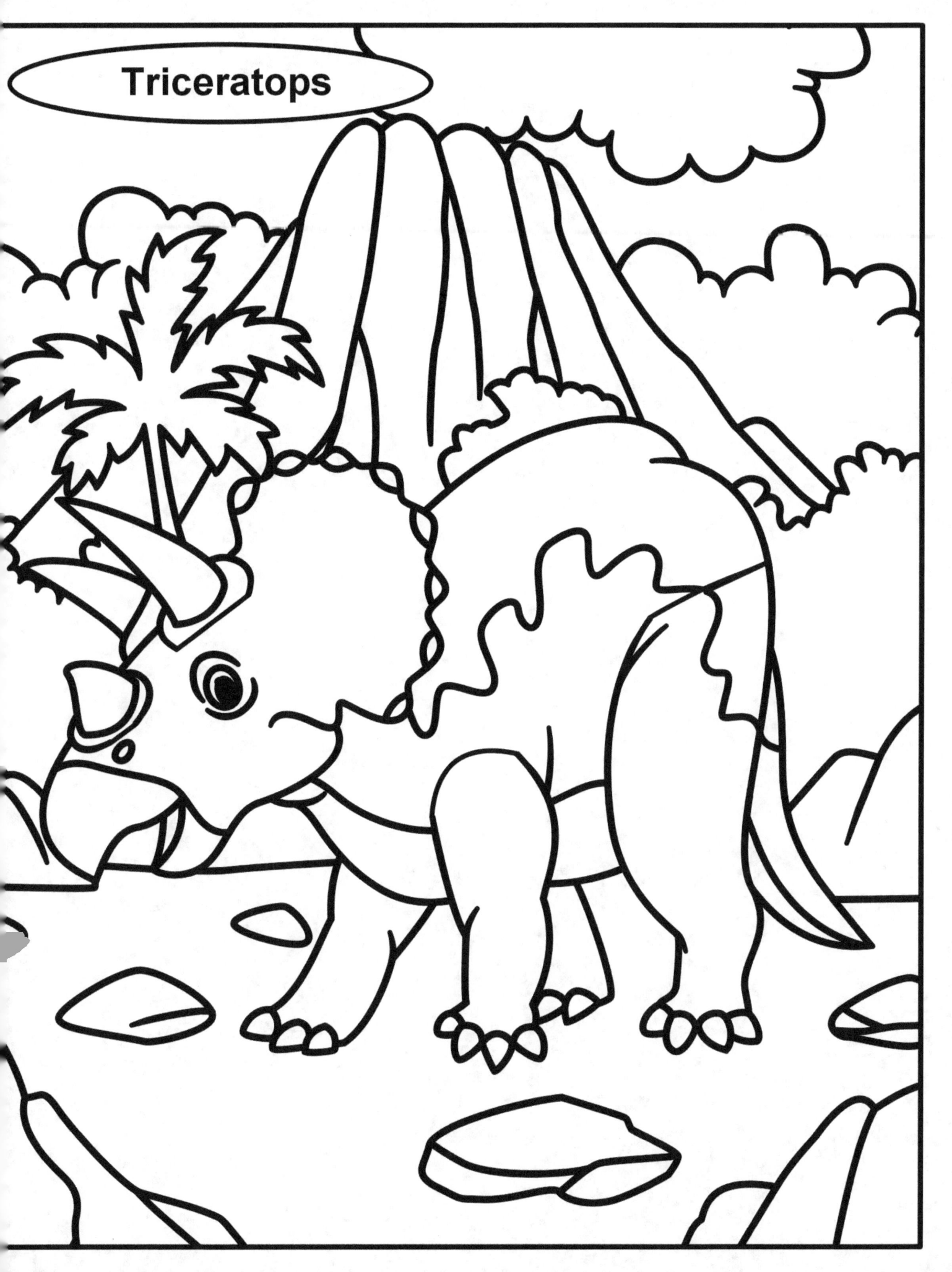

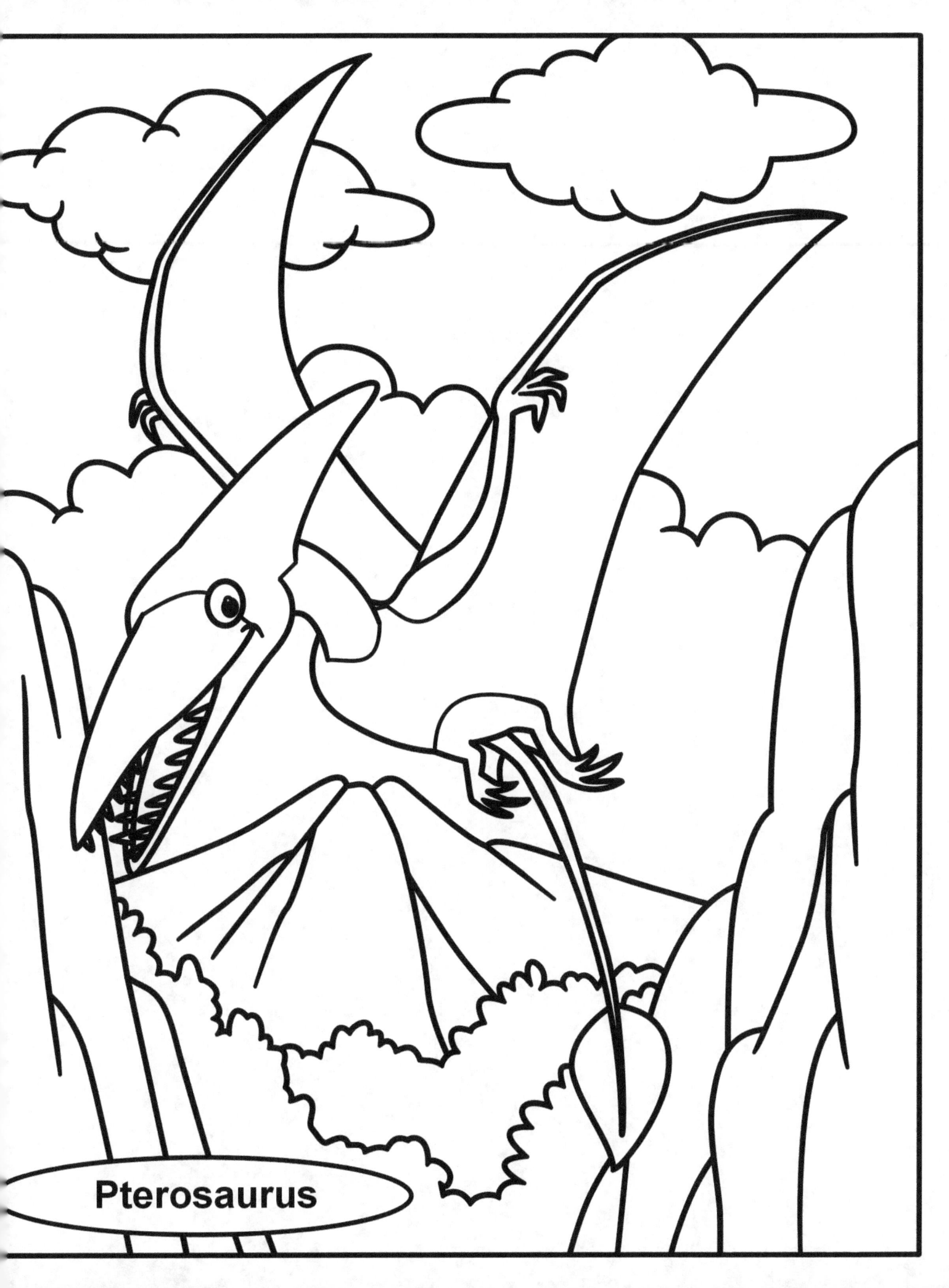

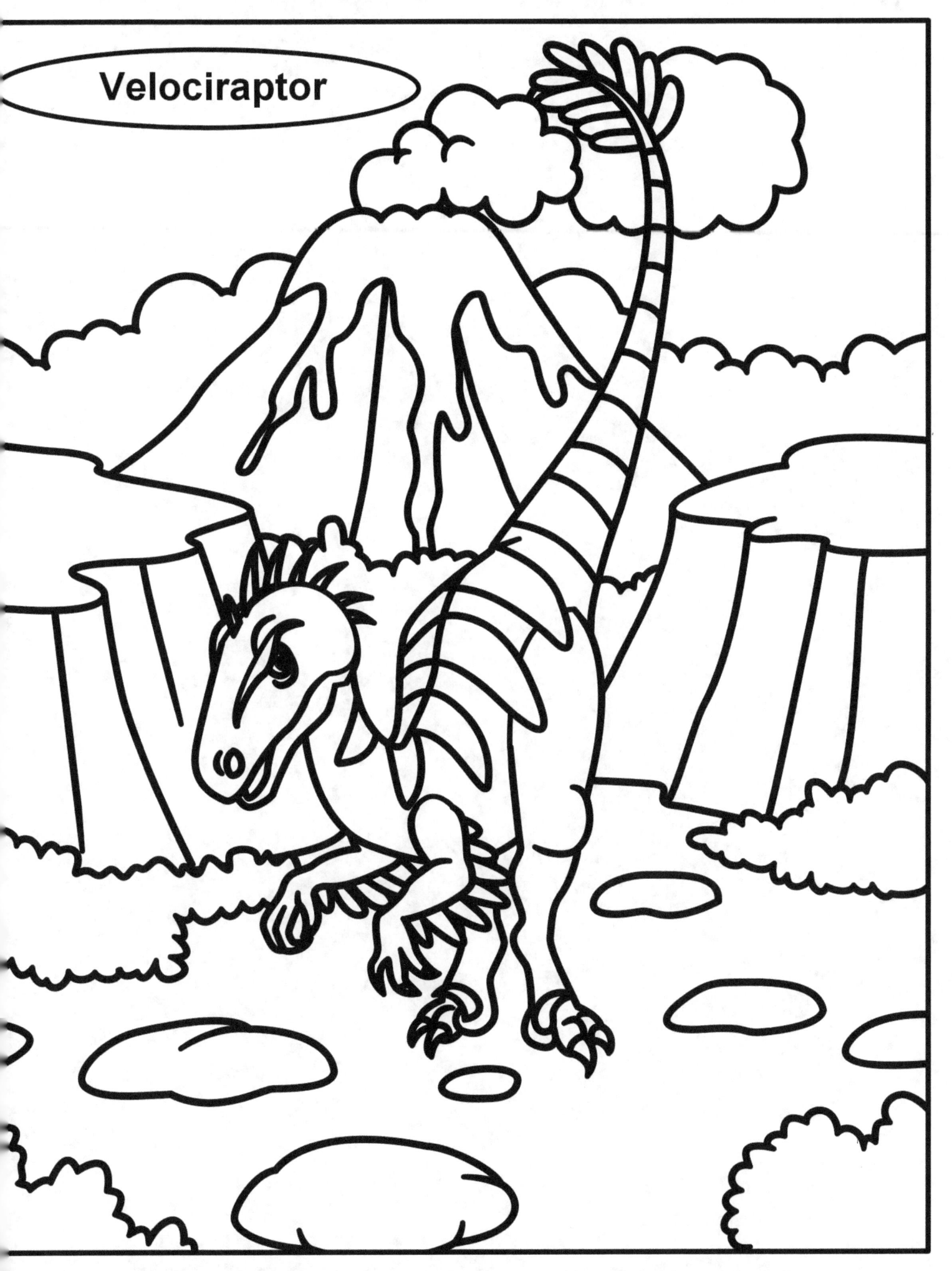

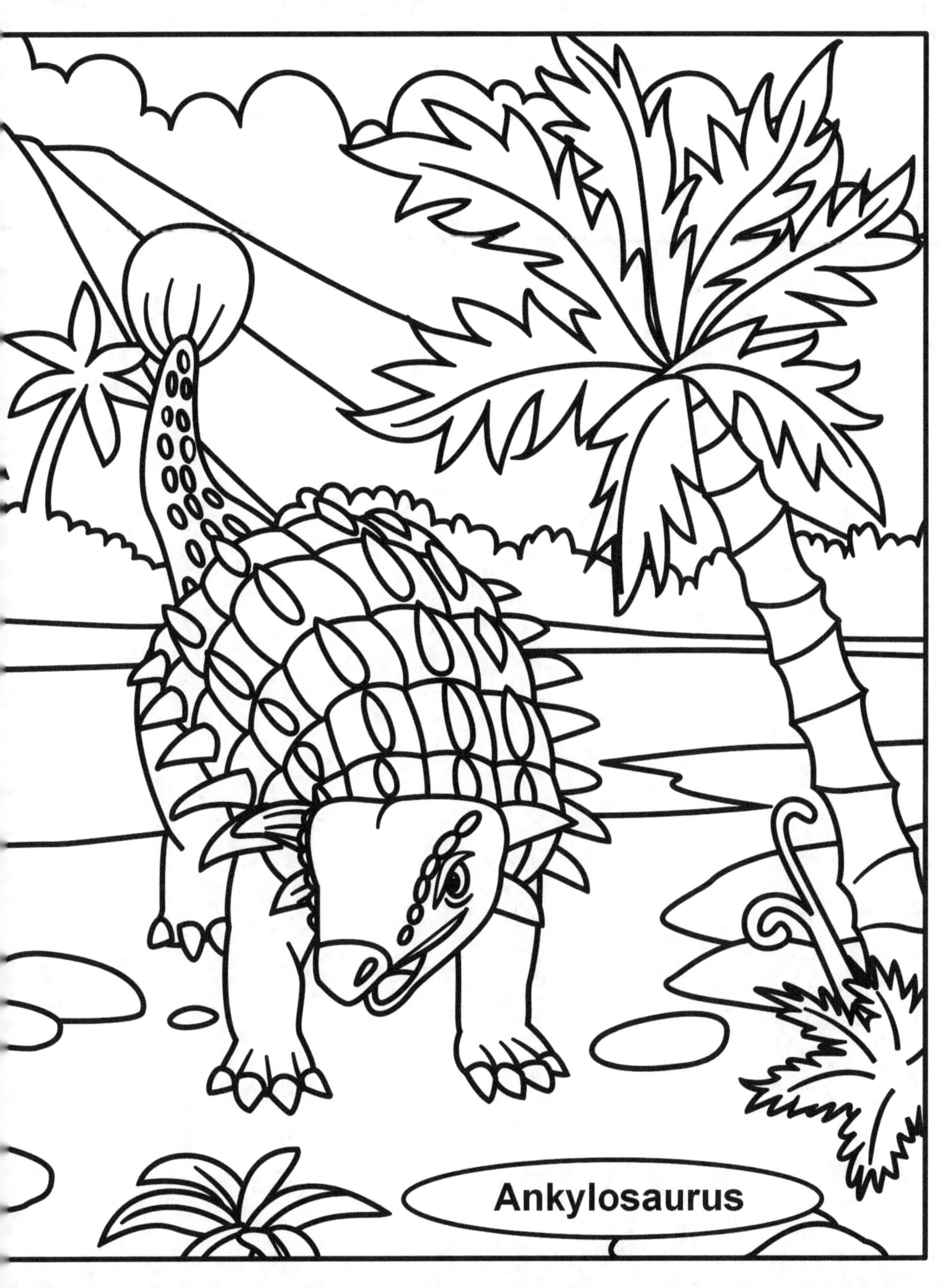

# DOT - TO - DOT

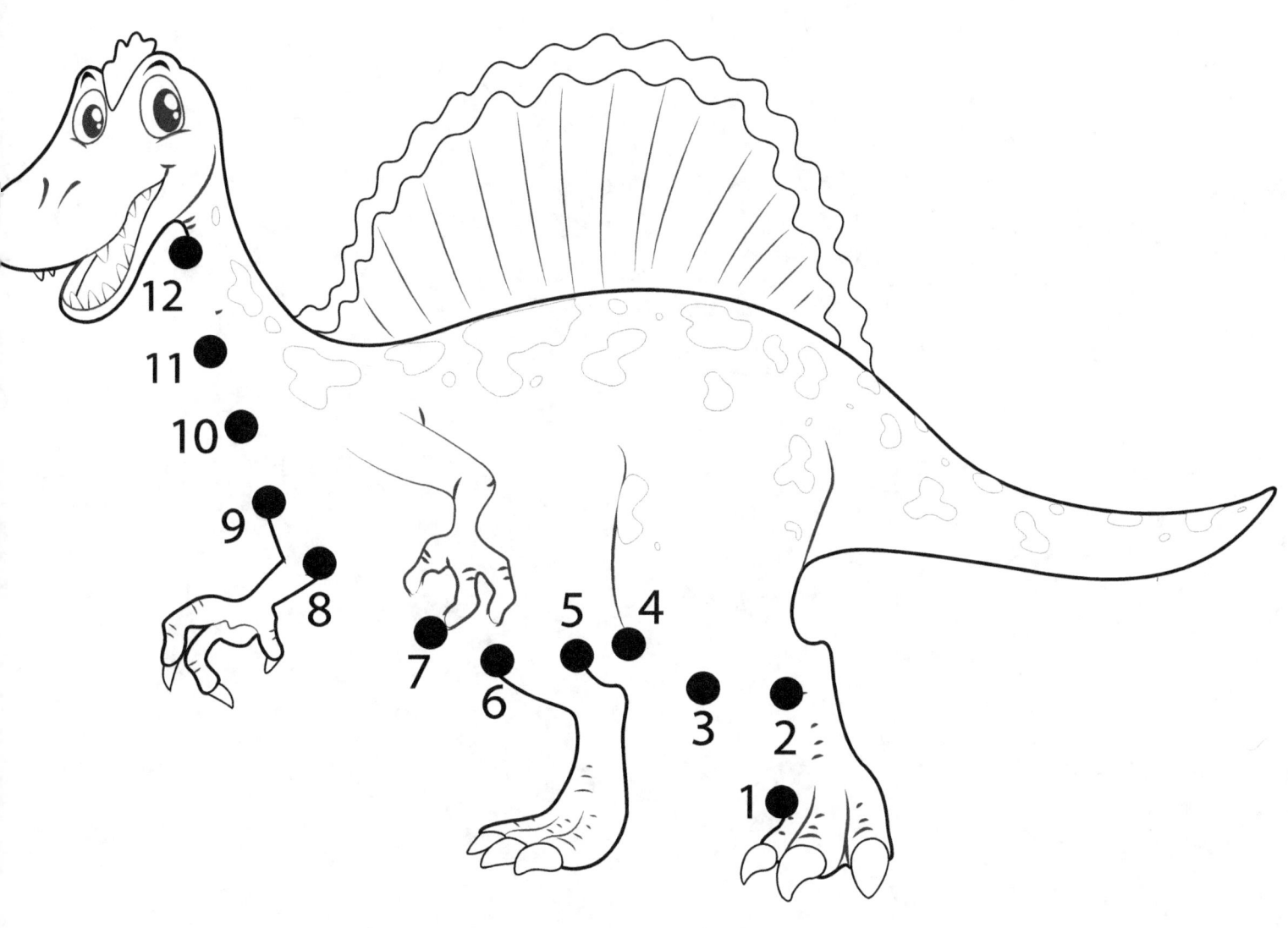

# DOT - TO - DOT

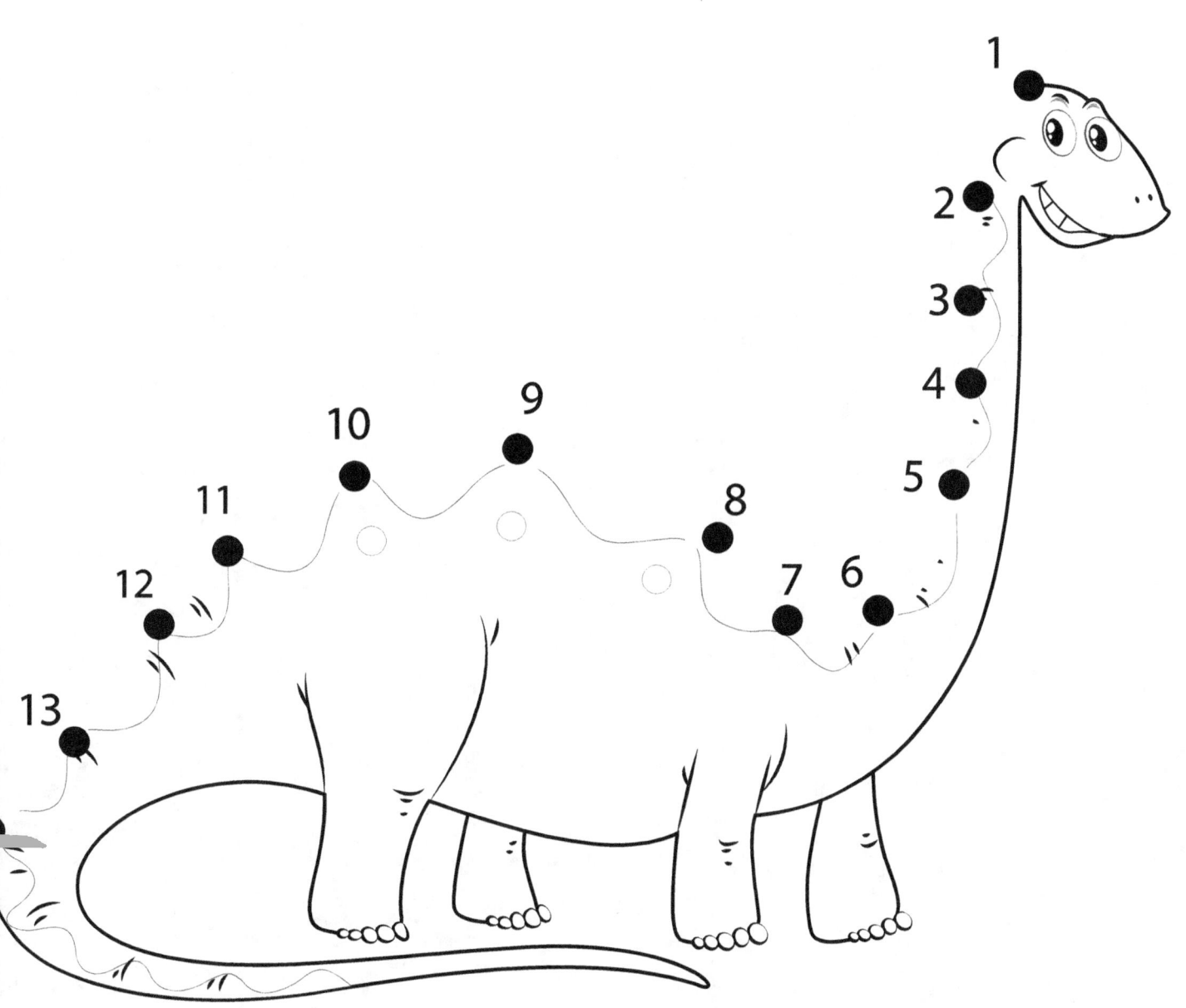

# DOT - TO - DOT

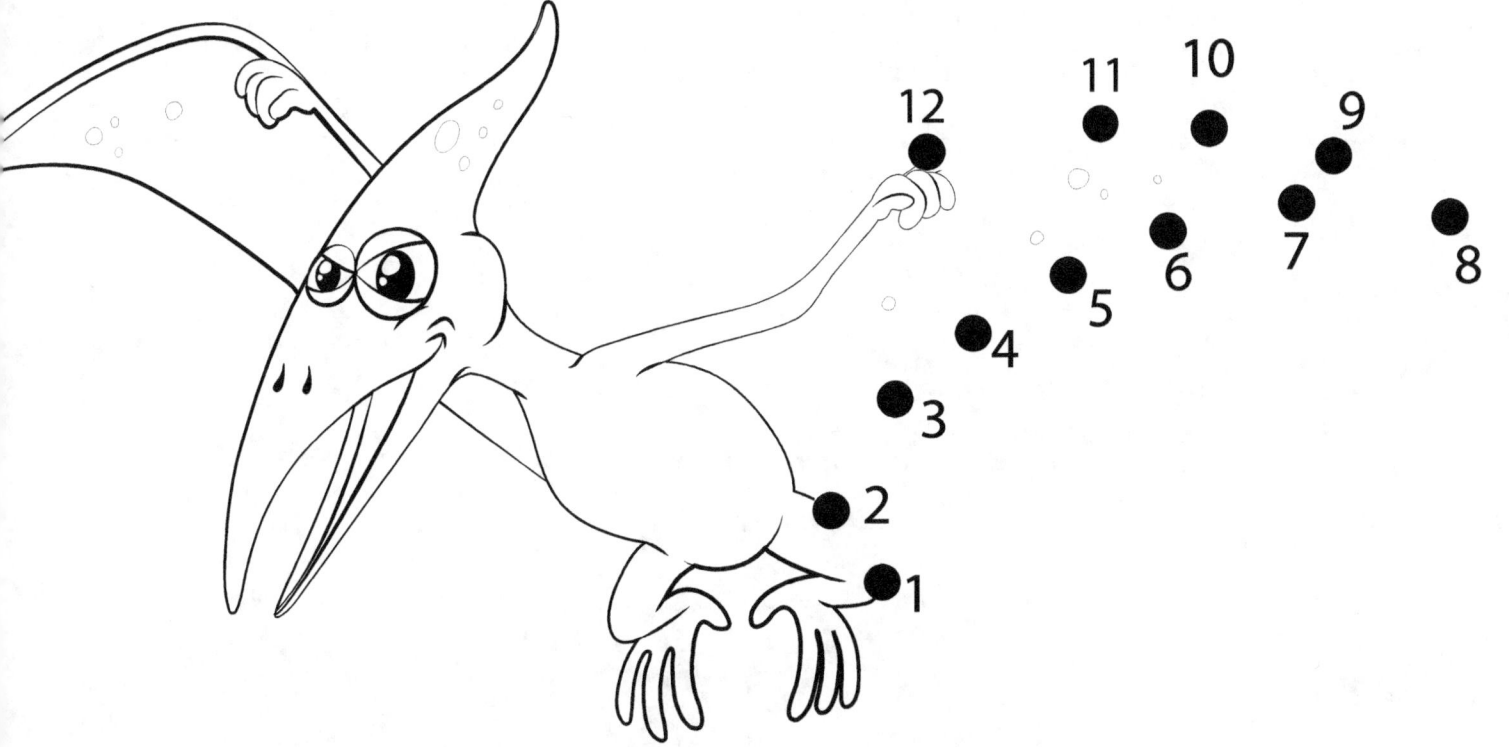

# DOT - TO - DOT

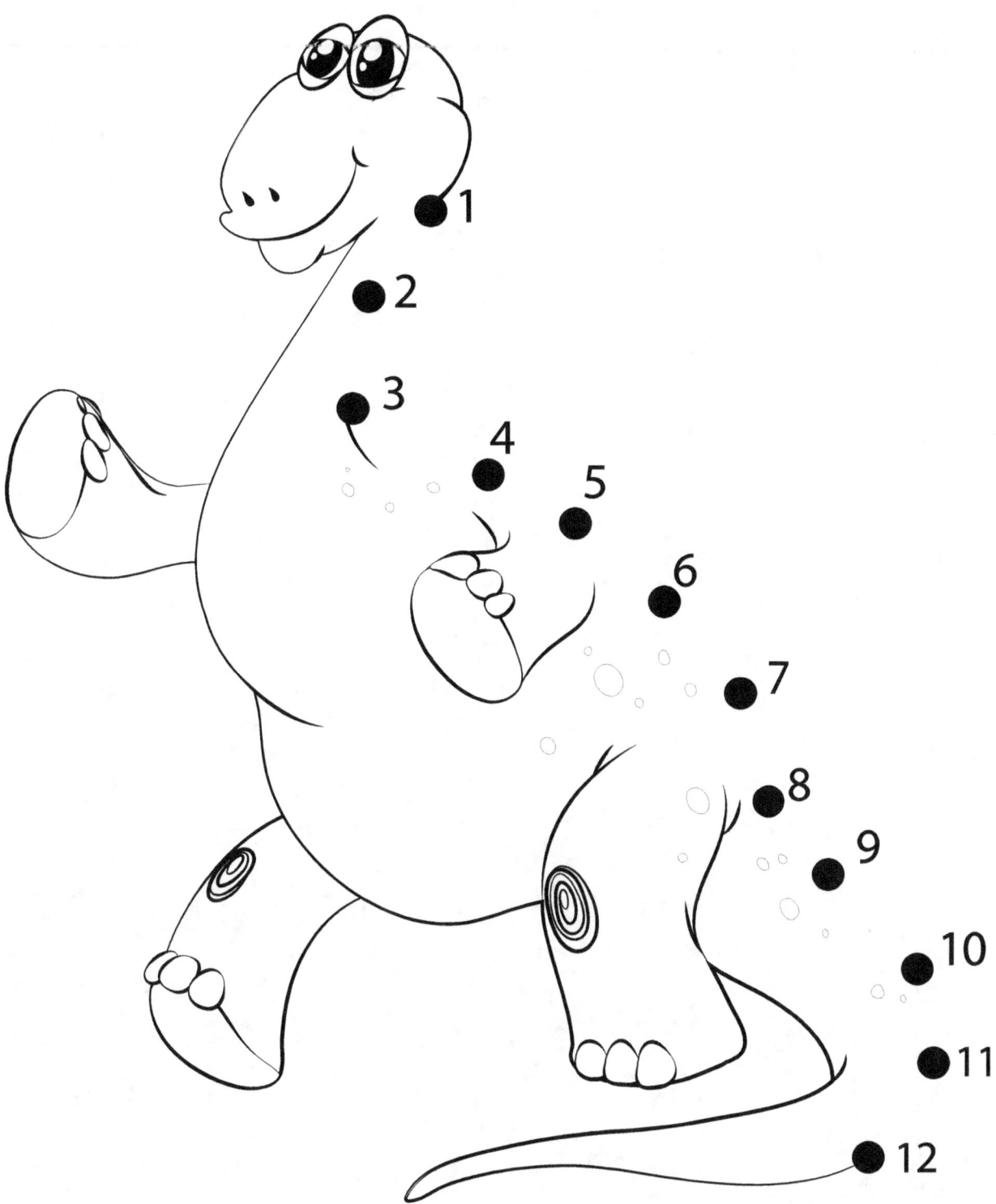

# DOT - TO - DOT

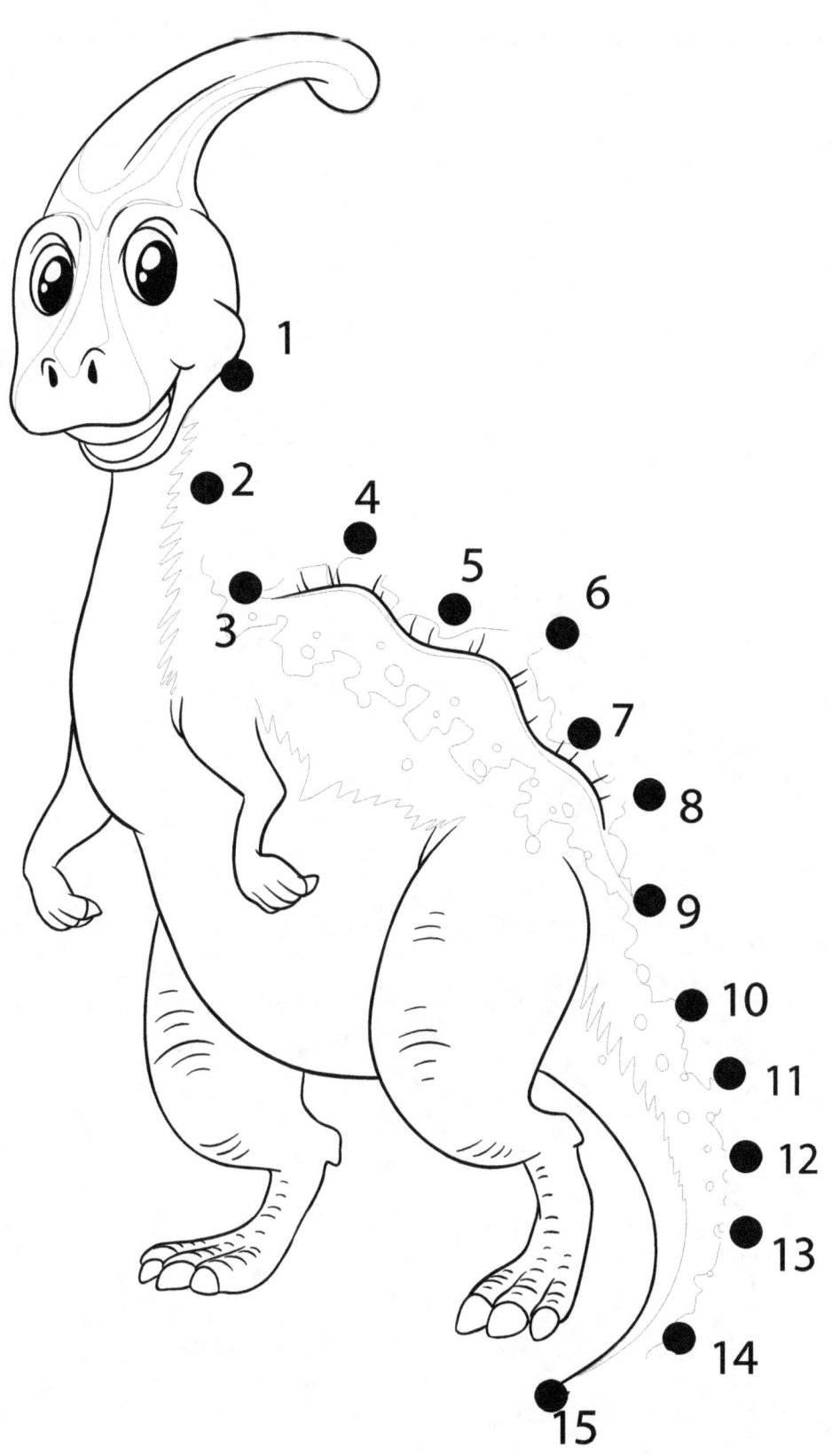

# DOT - TO - DOT

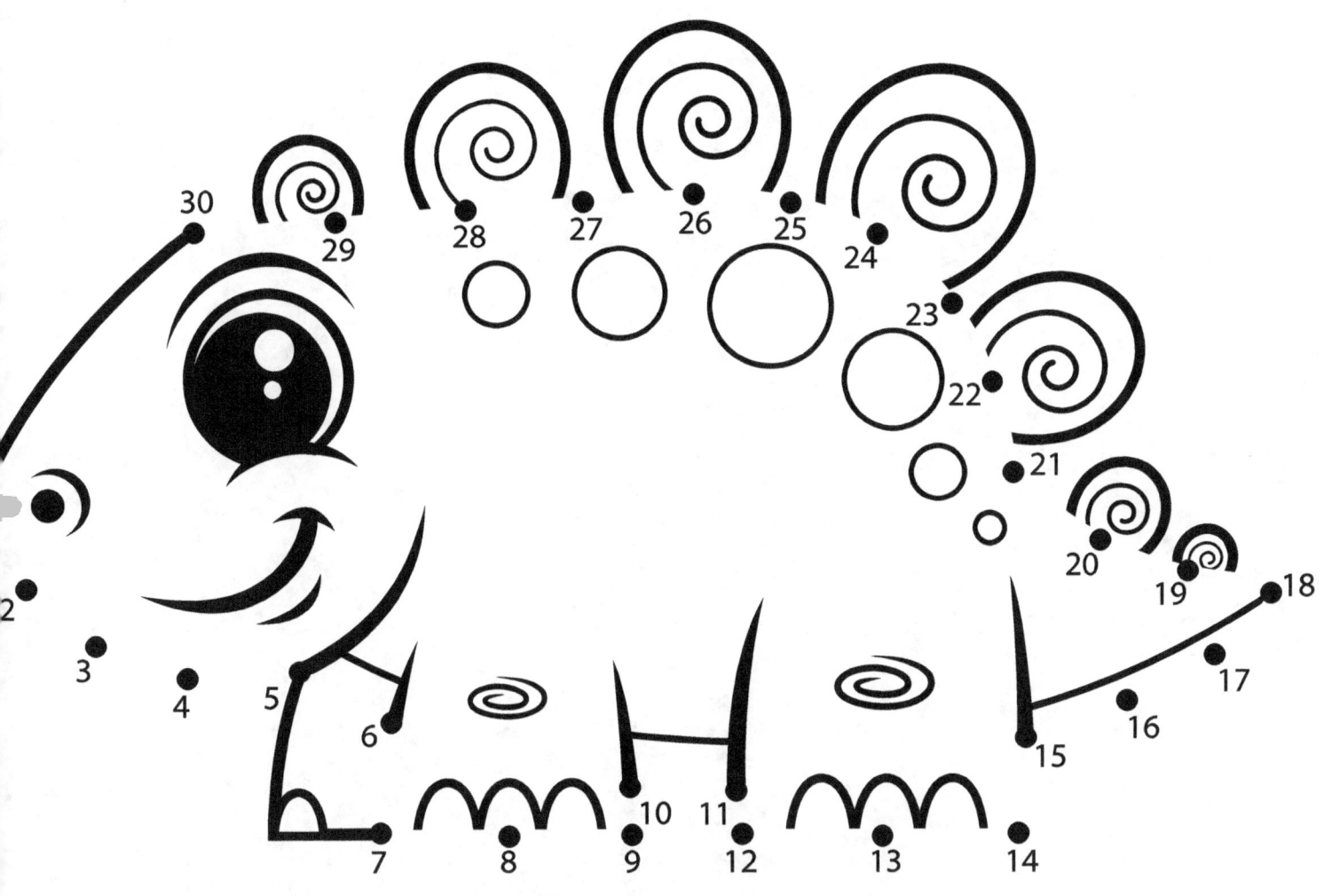

# DOT - TO - DOT

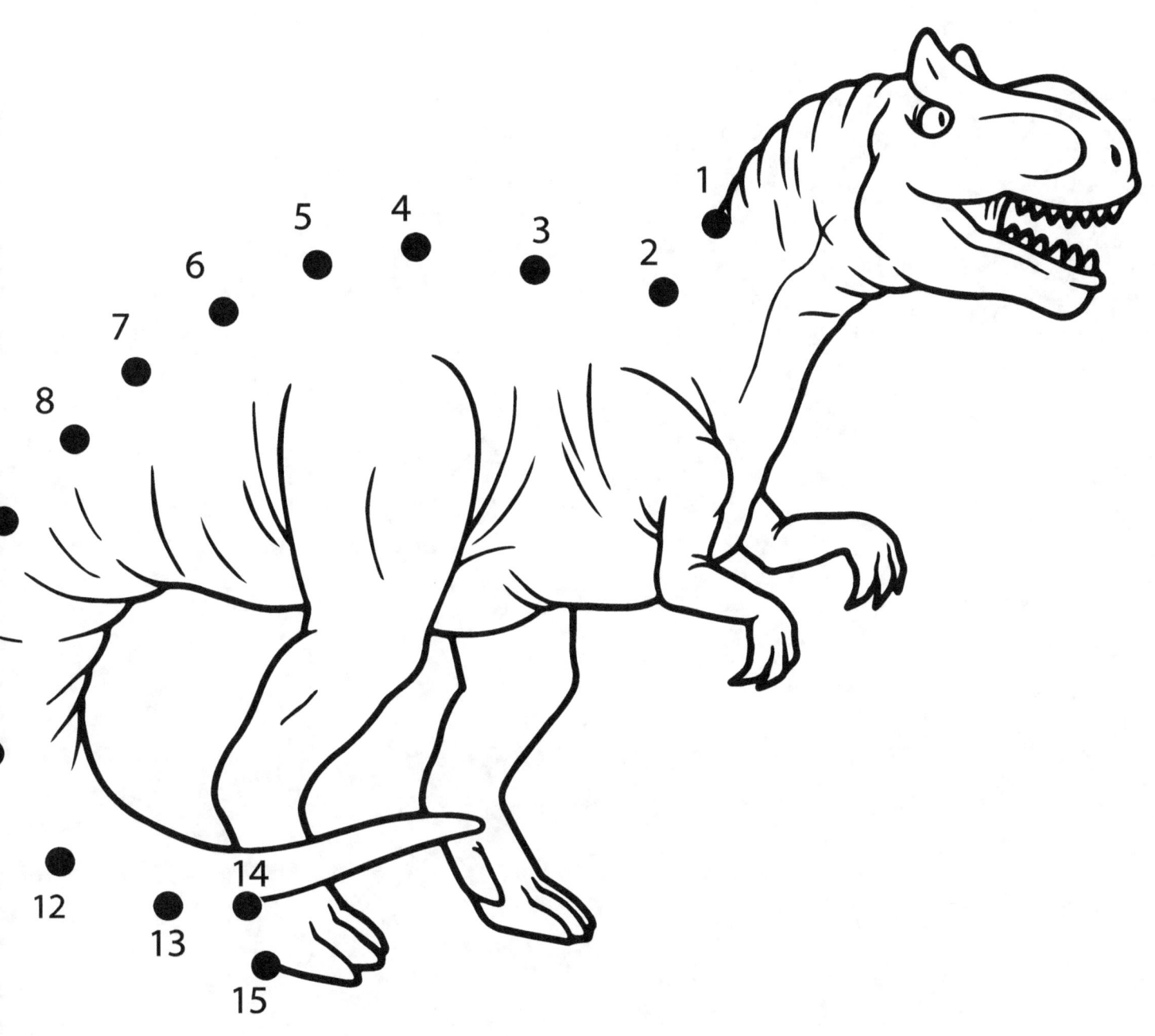

# DOT - TO - DOT

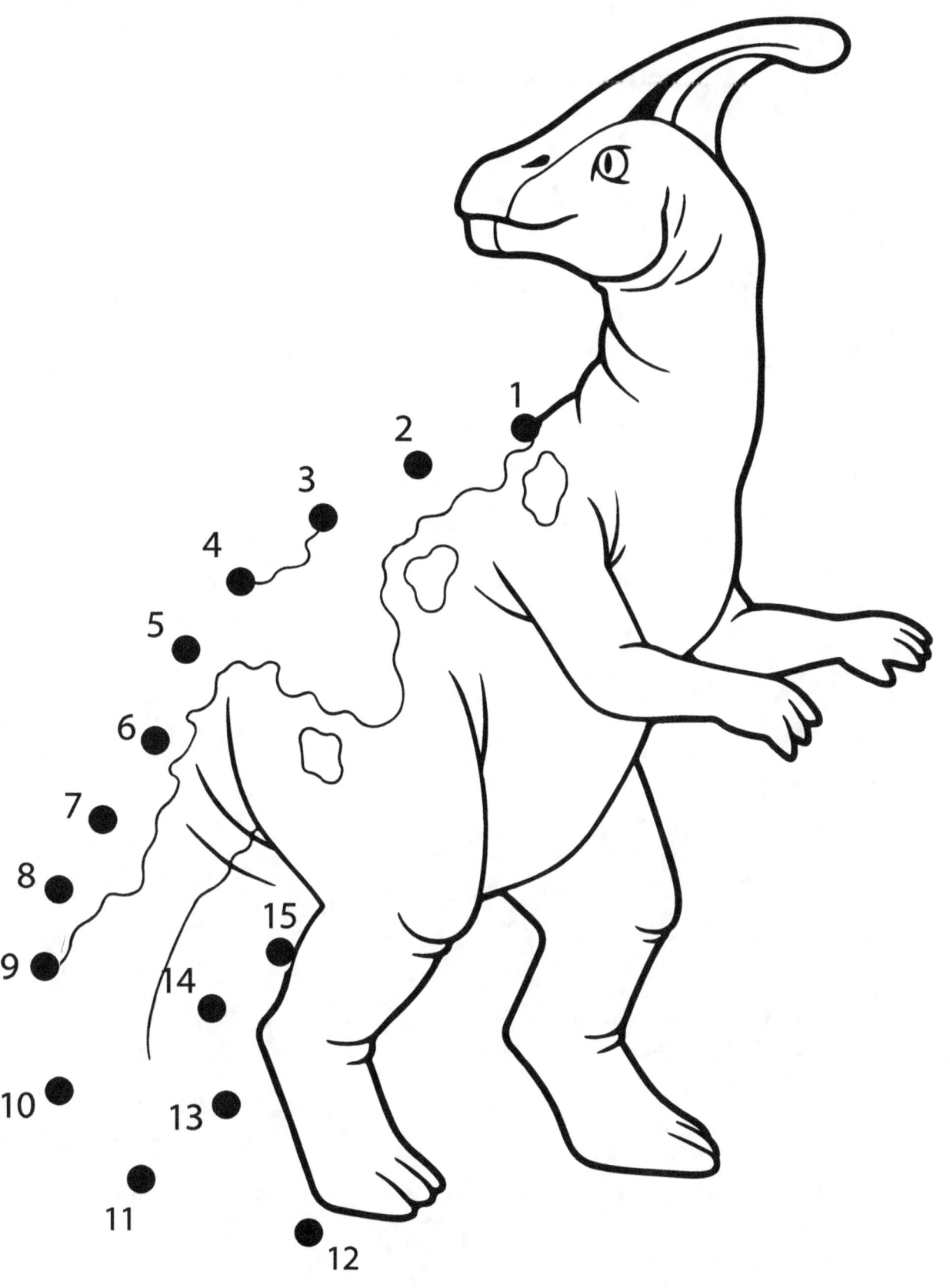

# DOT - TO - DOT

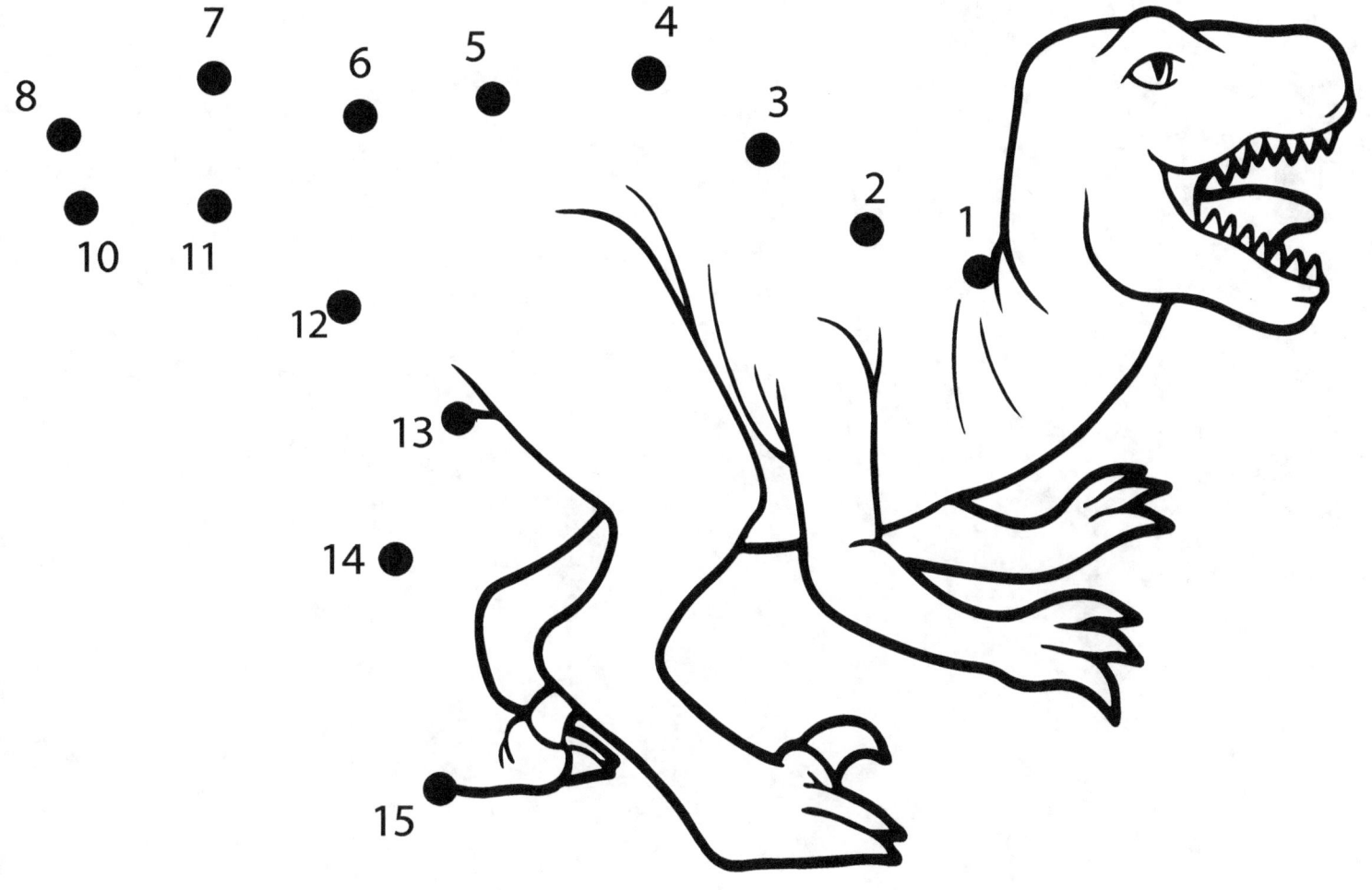

# DOT - TO - DOT

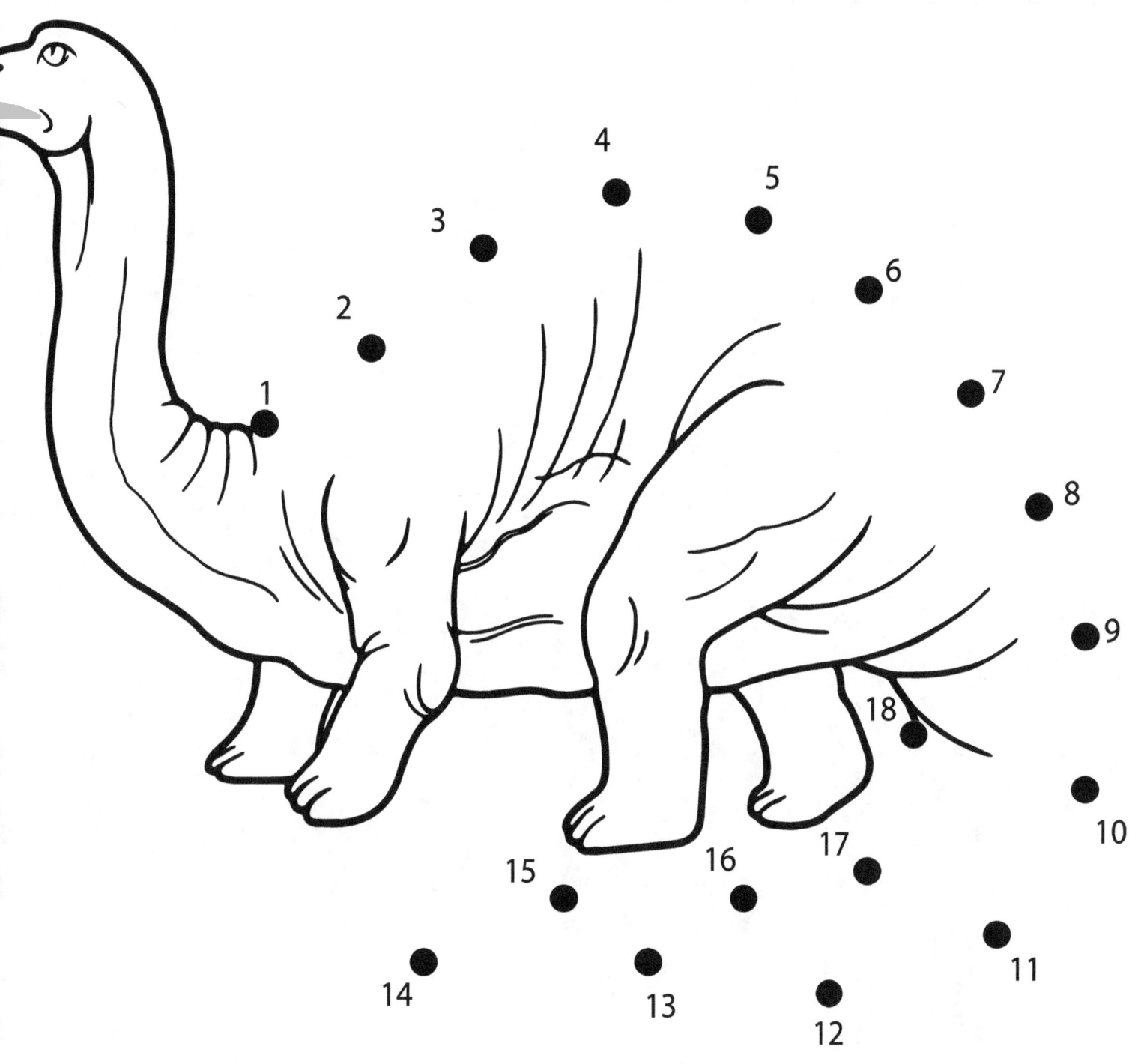

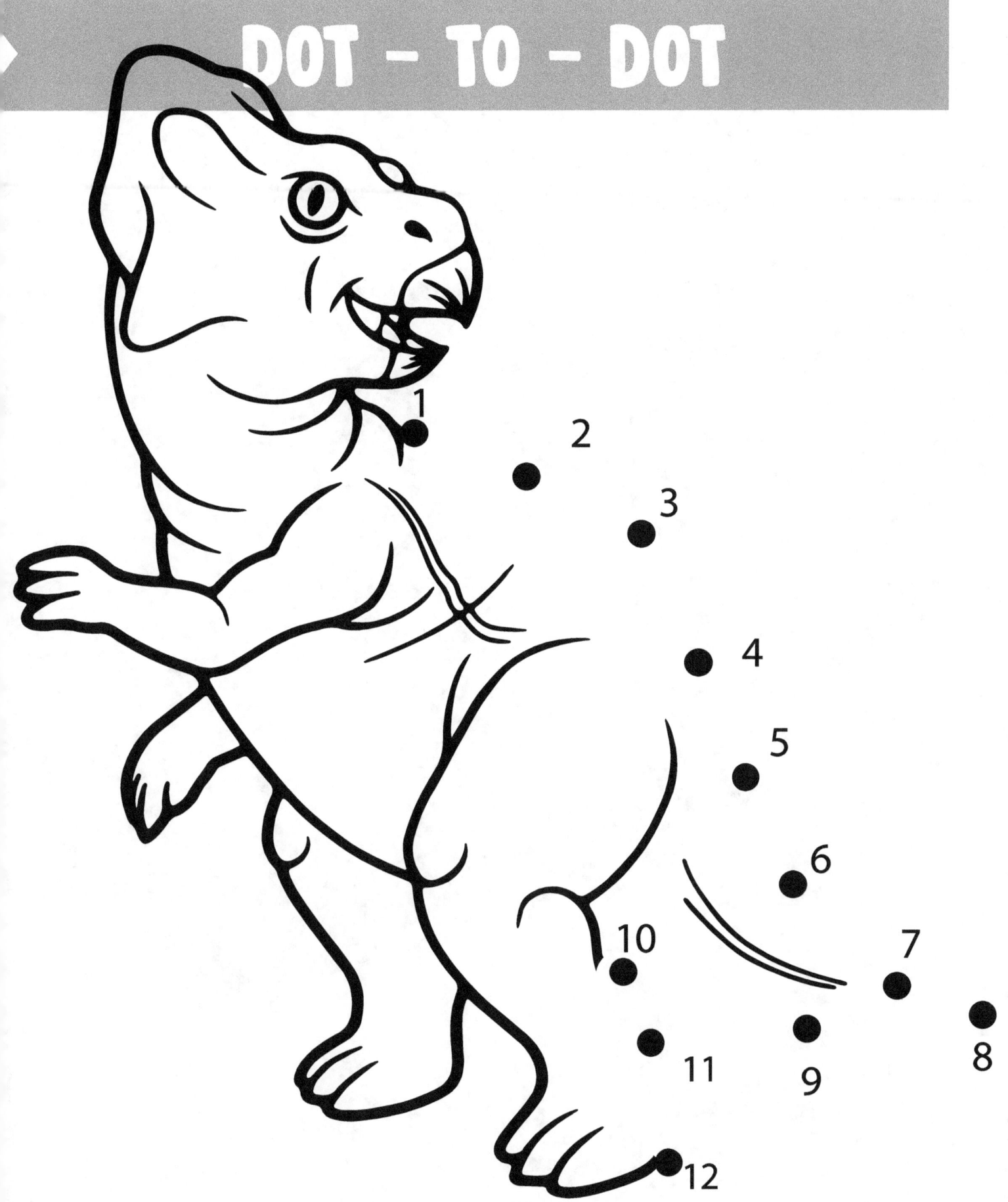

# DOT - TO - DOT

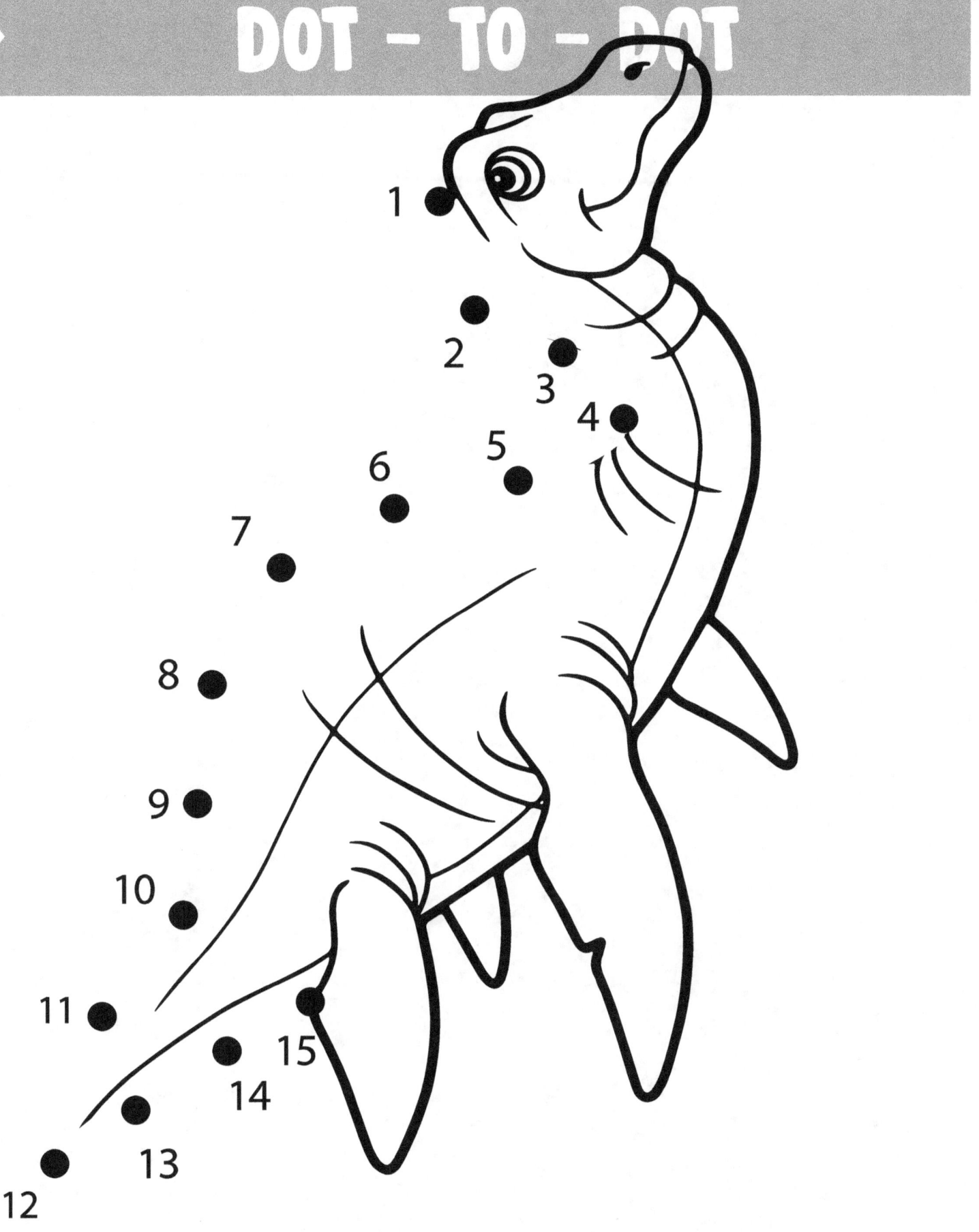

# DOT - TO - DOT

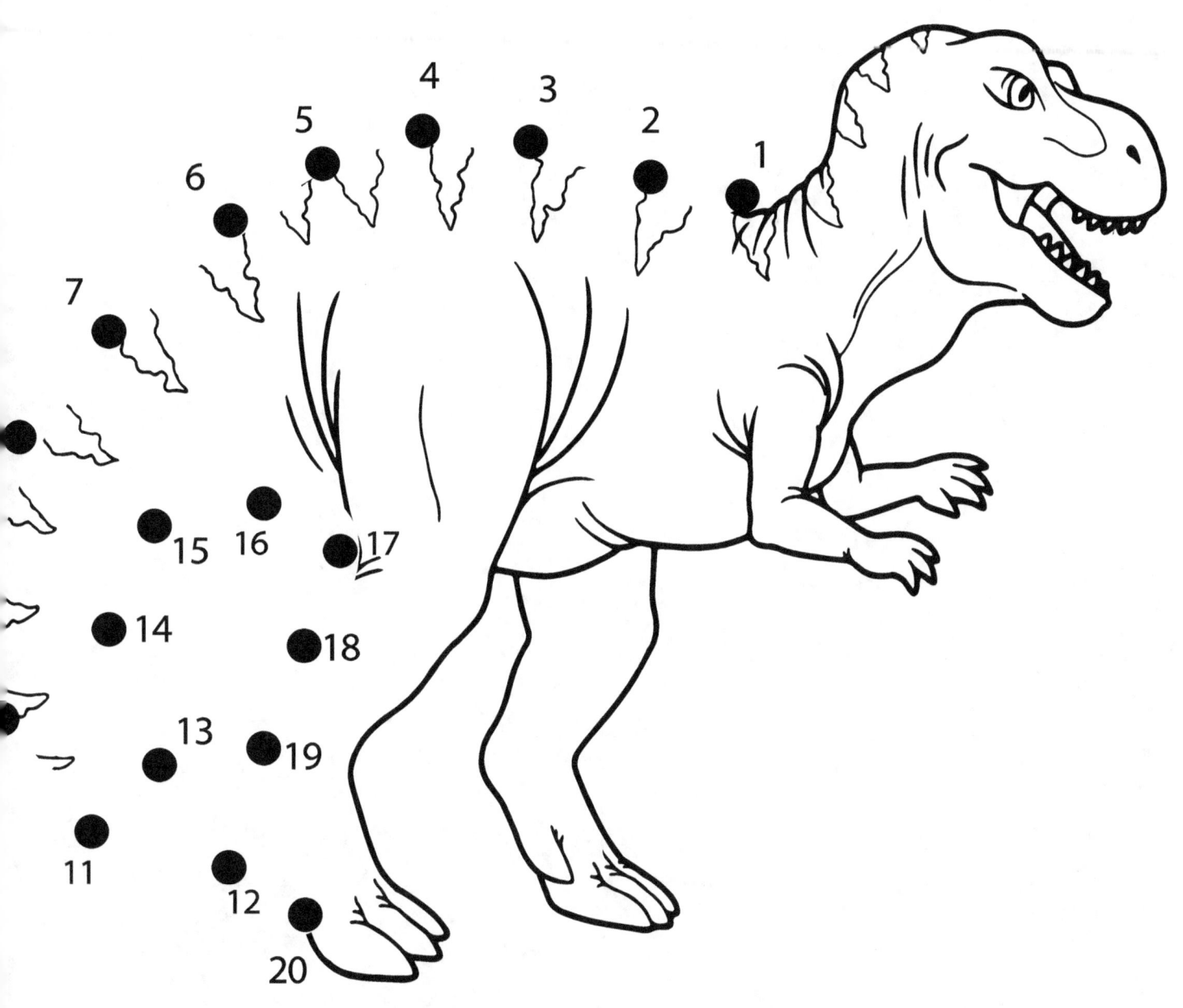

# DOT - TO - DOT

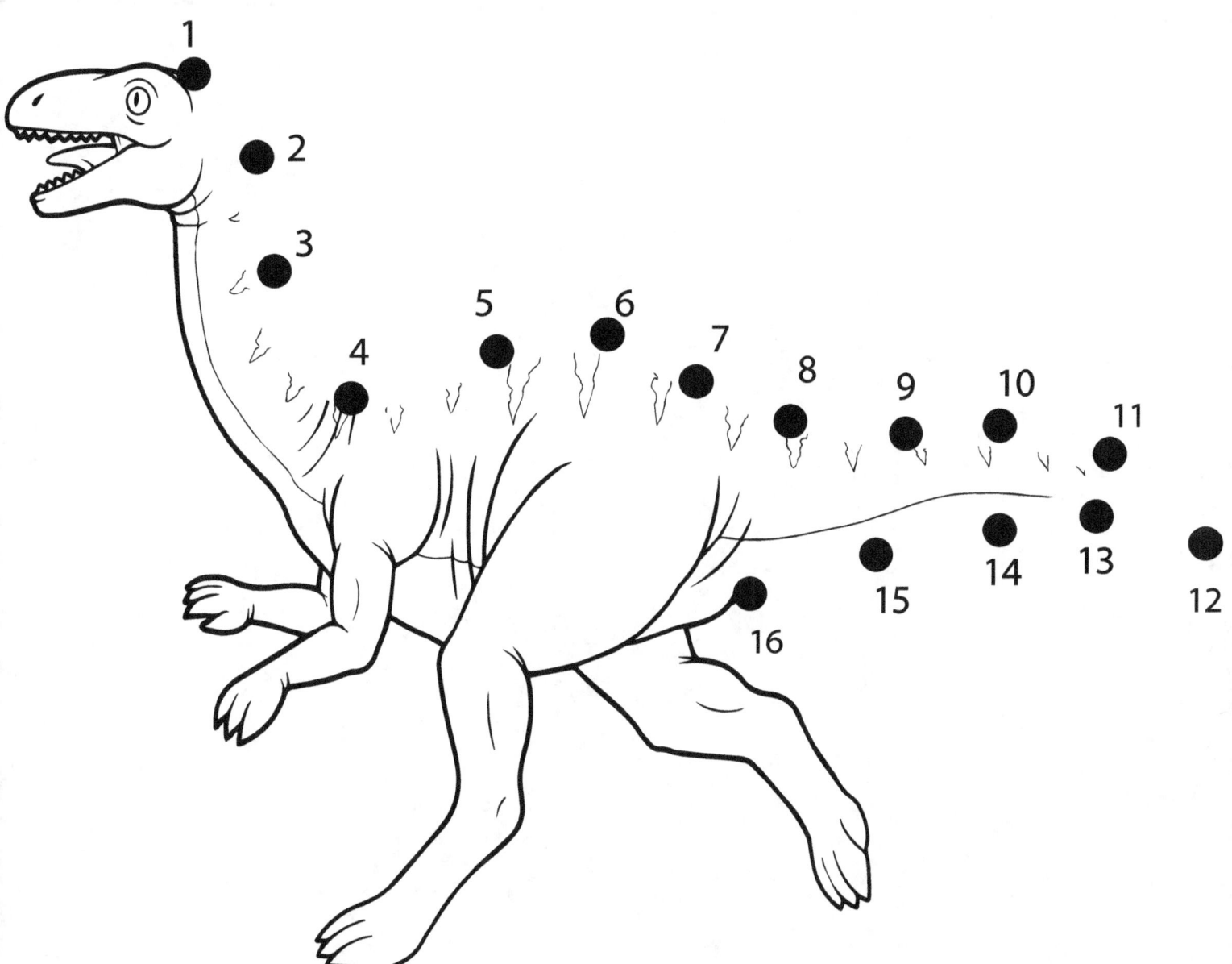

# DOT - TO - DOT

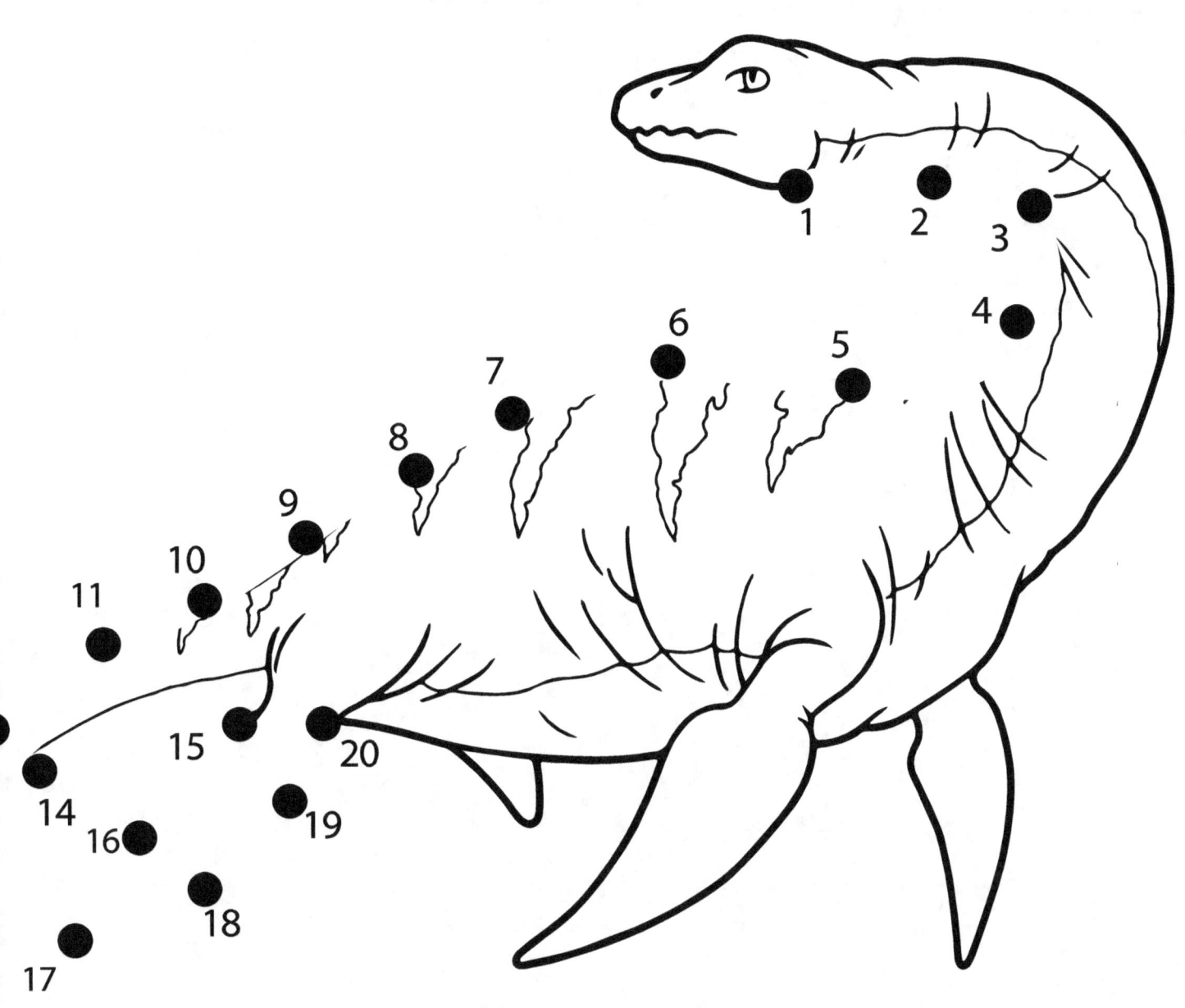

# DOT - TO - DOT

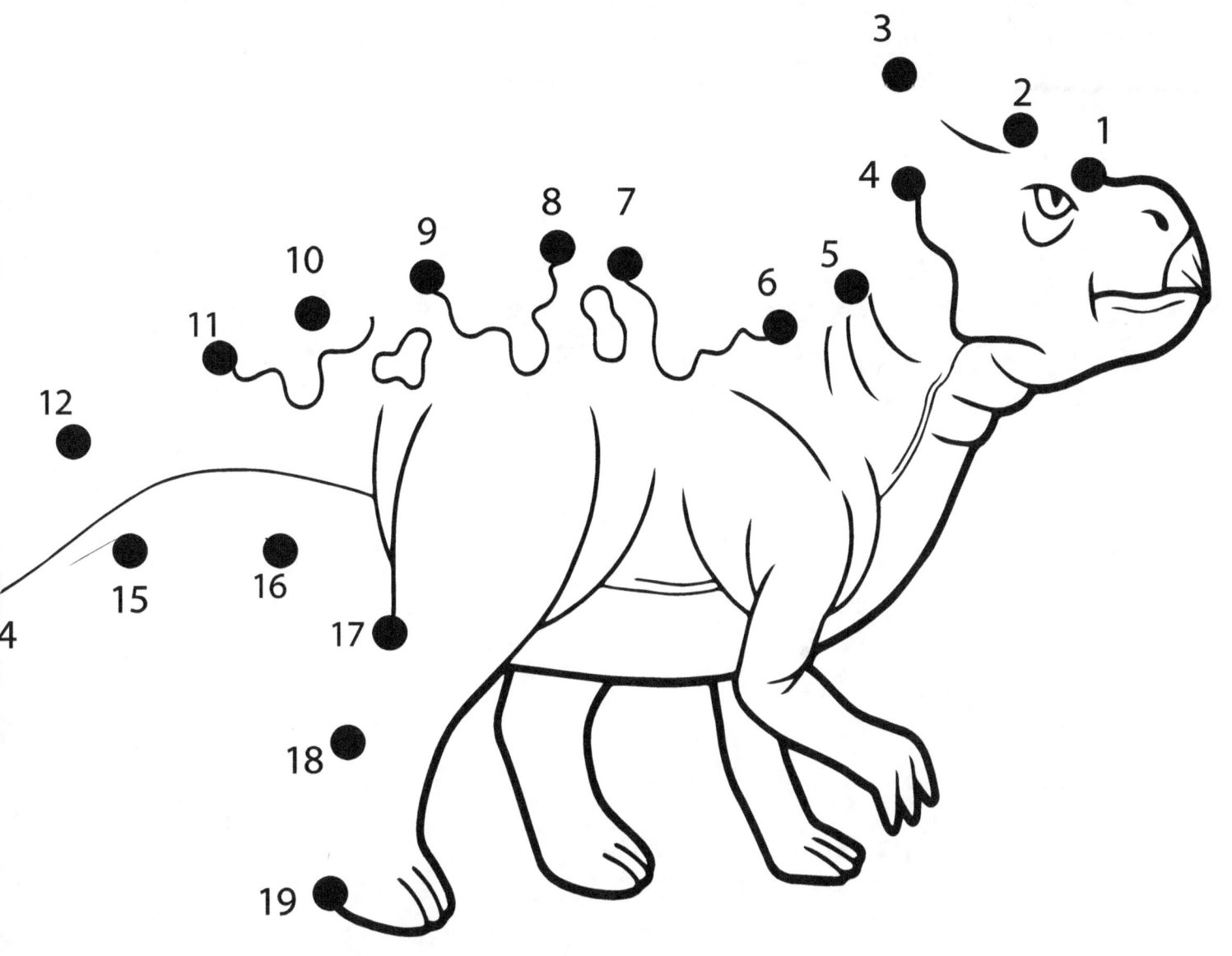

# DOT - TO - DOT

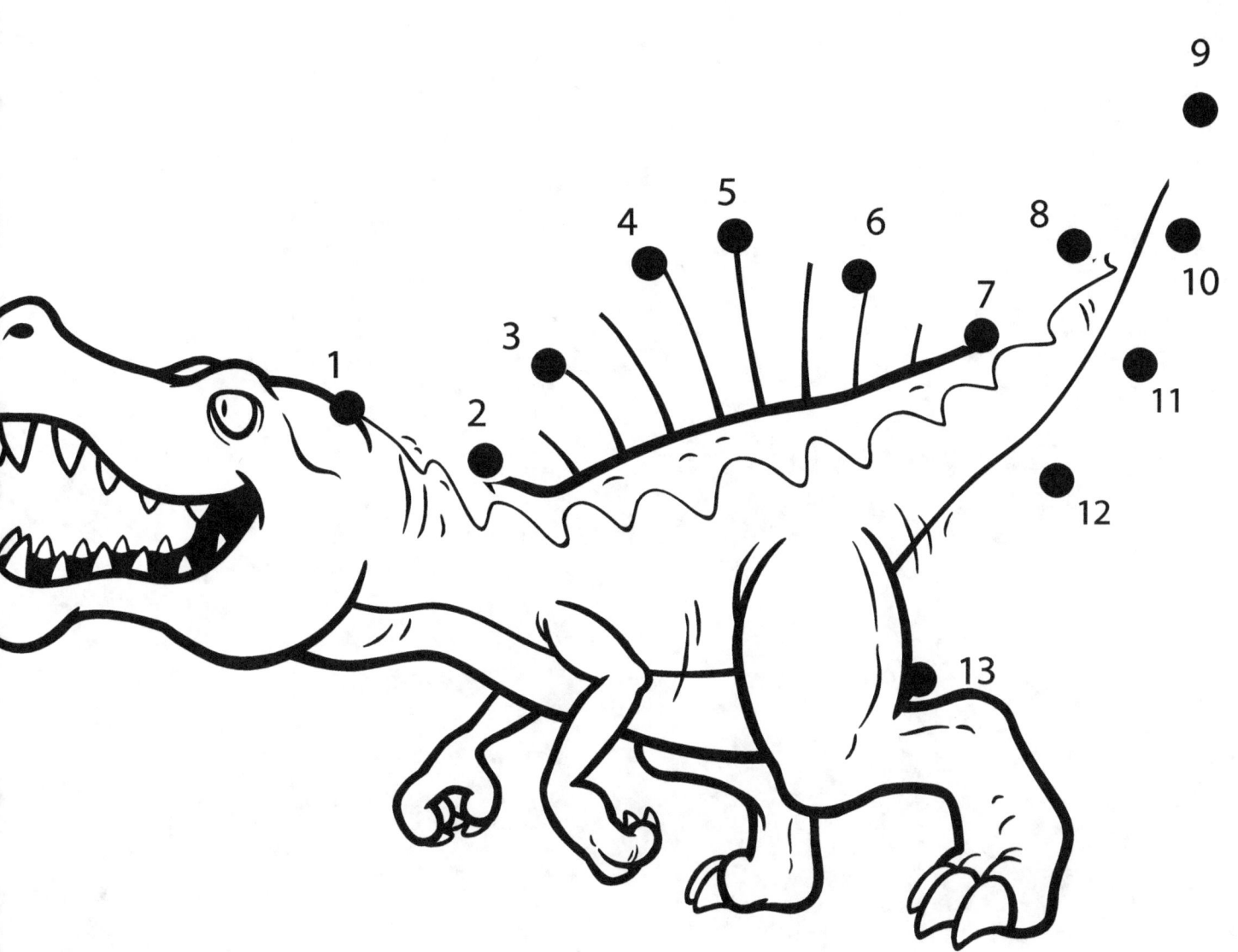

# DOT - TO - DOT

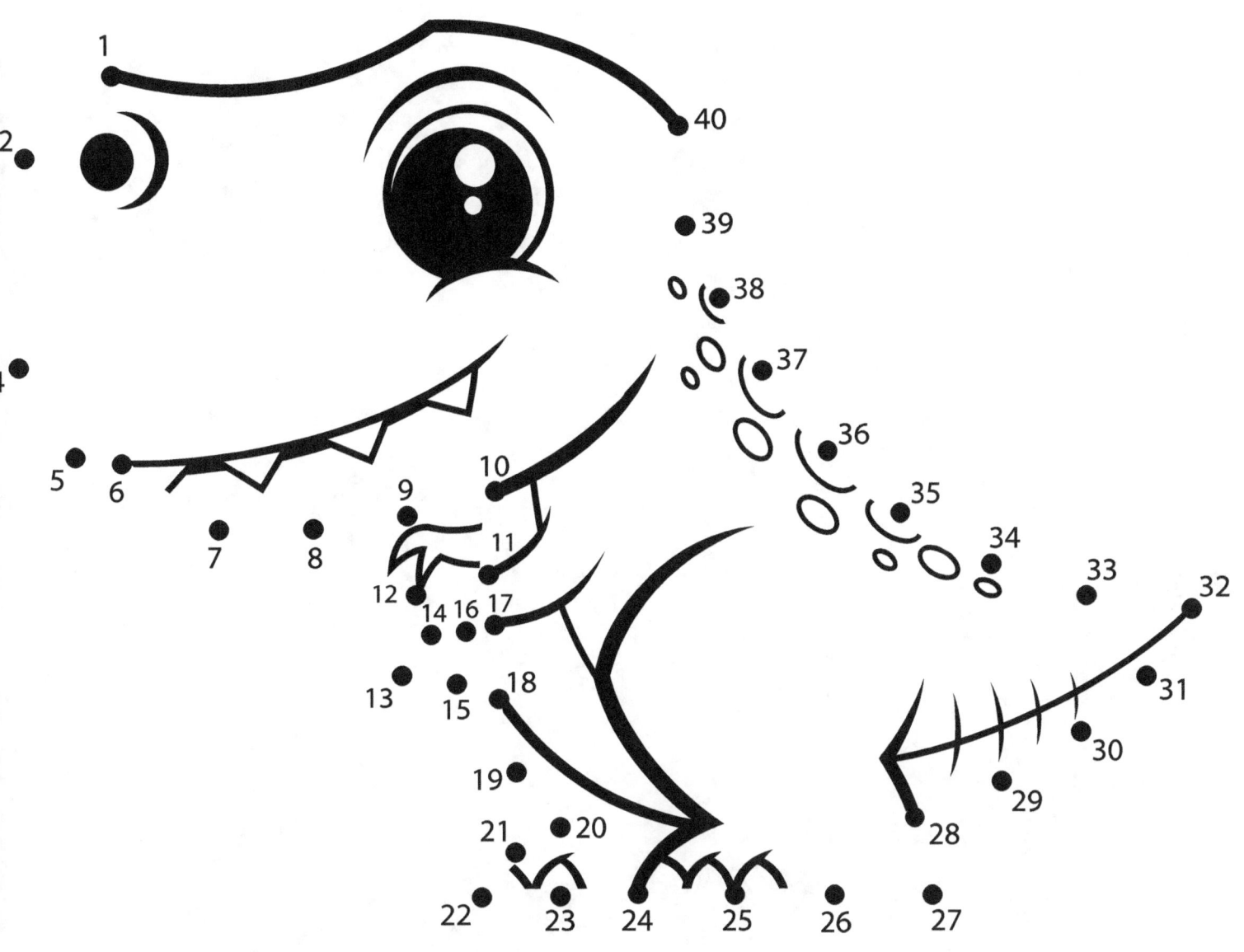

# DOT - TO - DOT

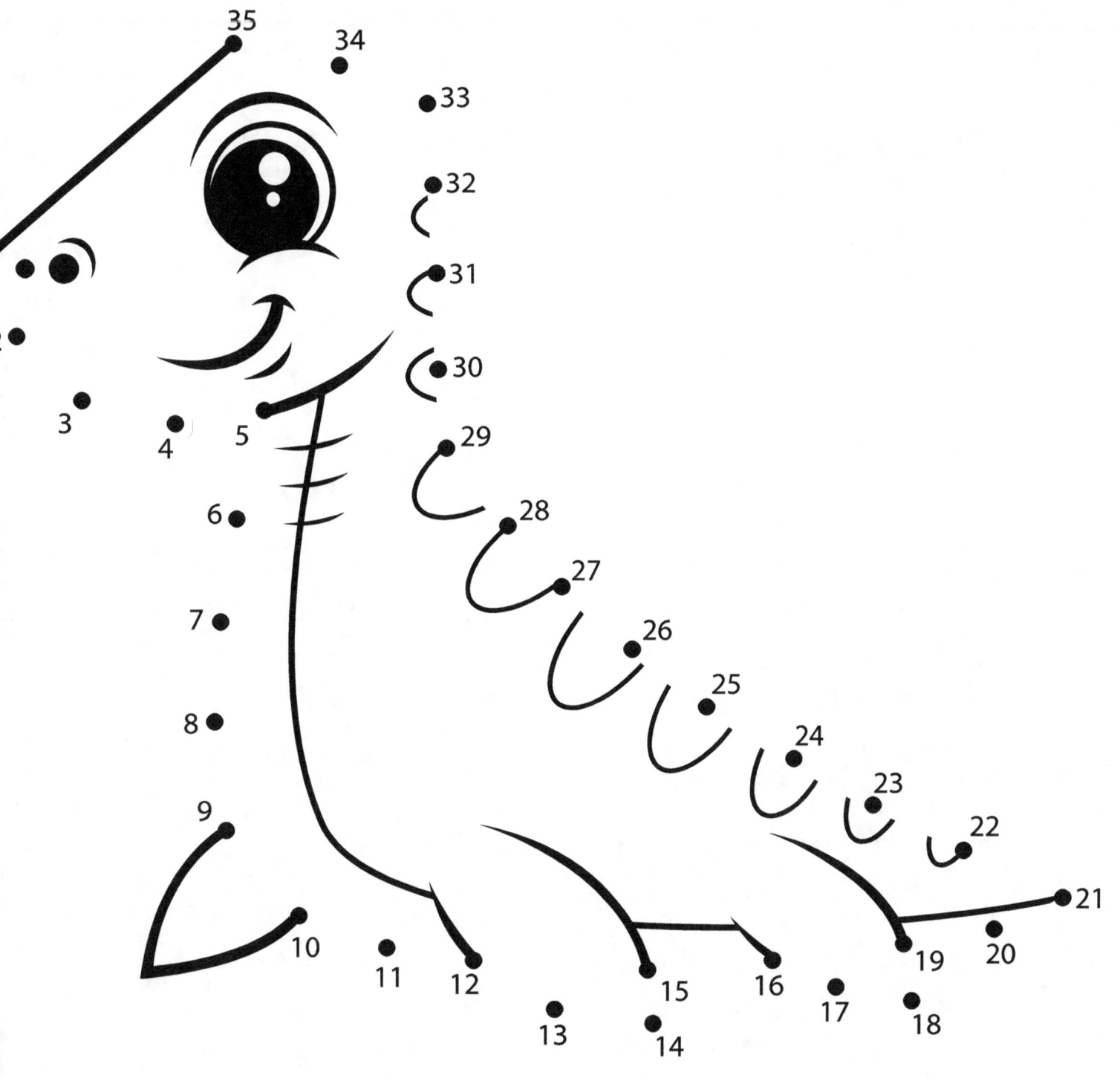

# DOT - TO - DOT

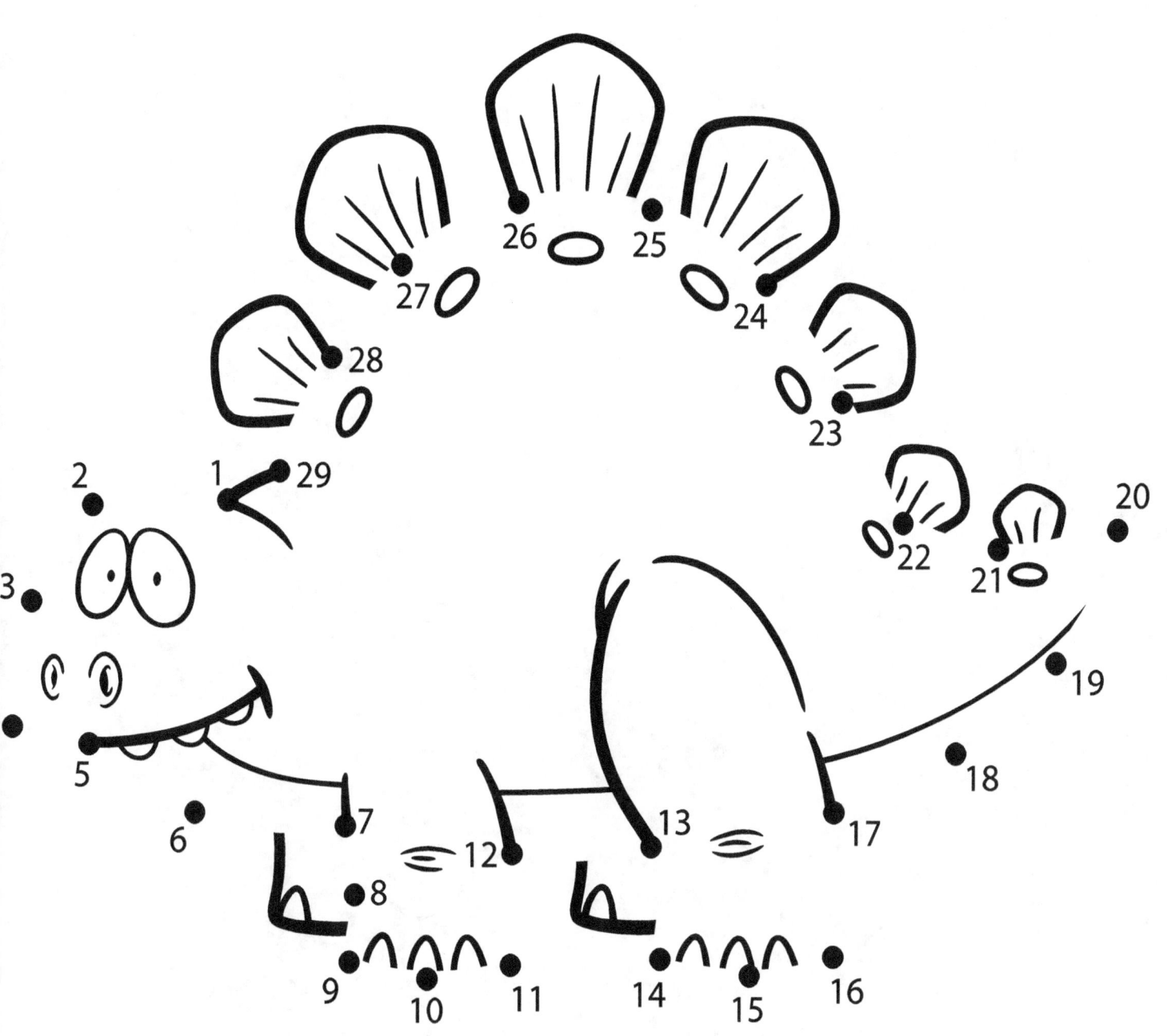

# DOT - TO - DOT

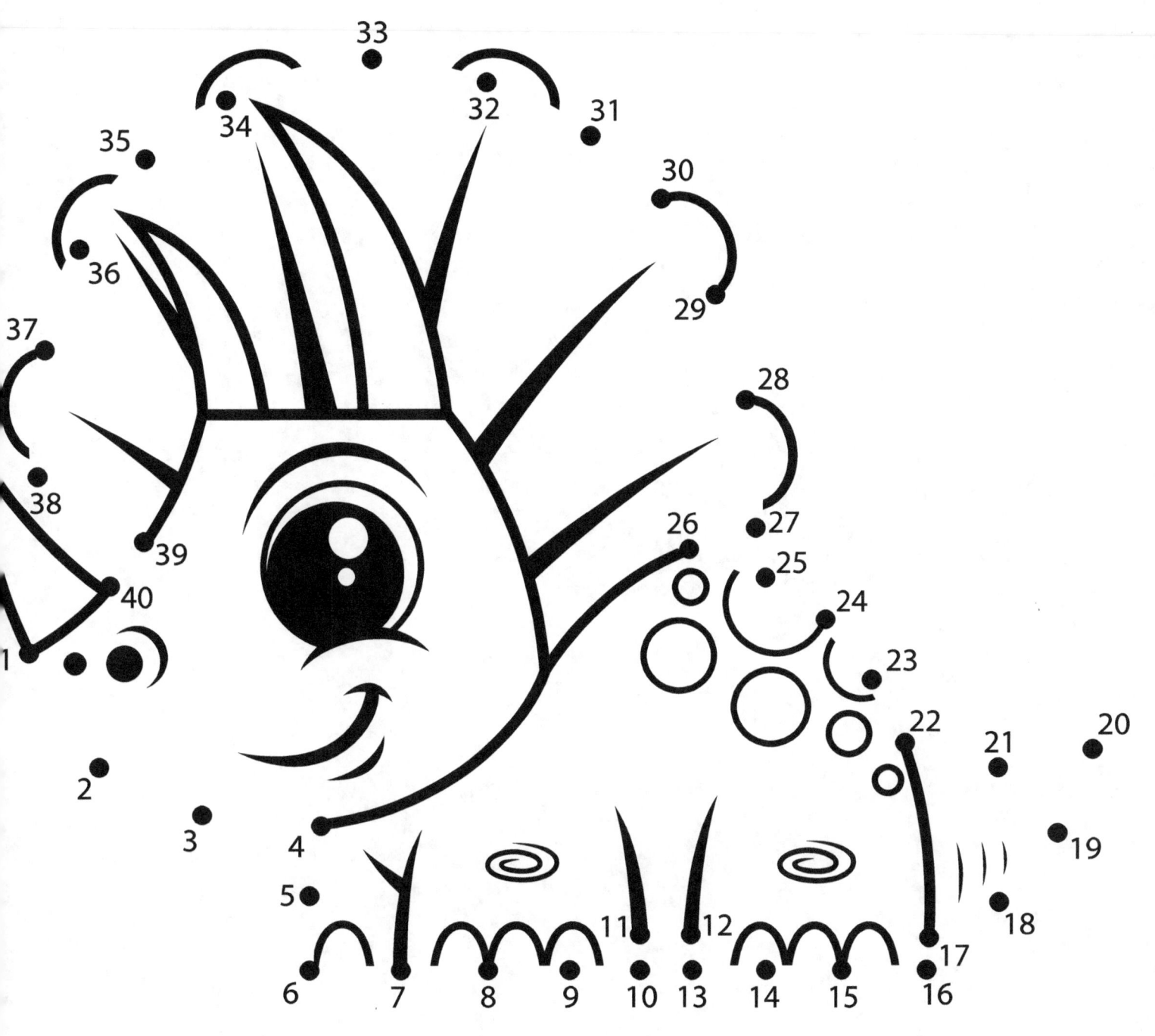

# DOT - TO - DOT

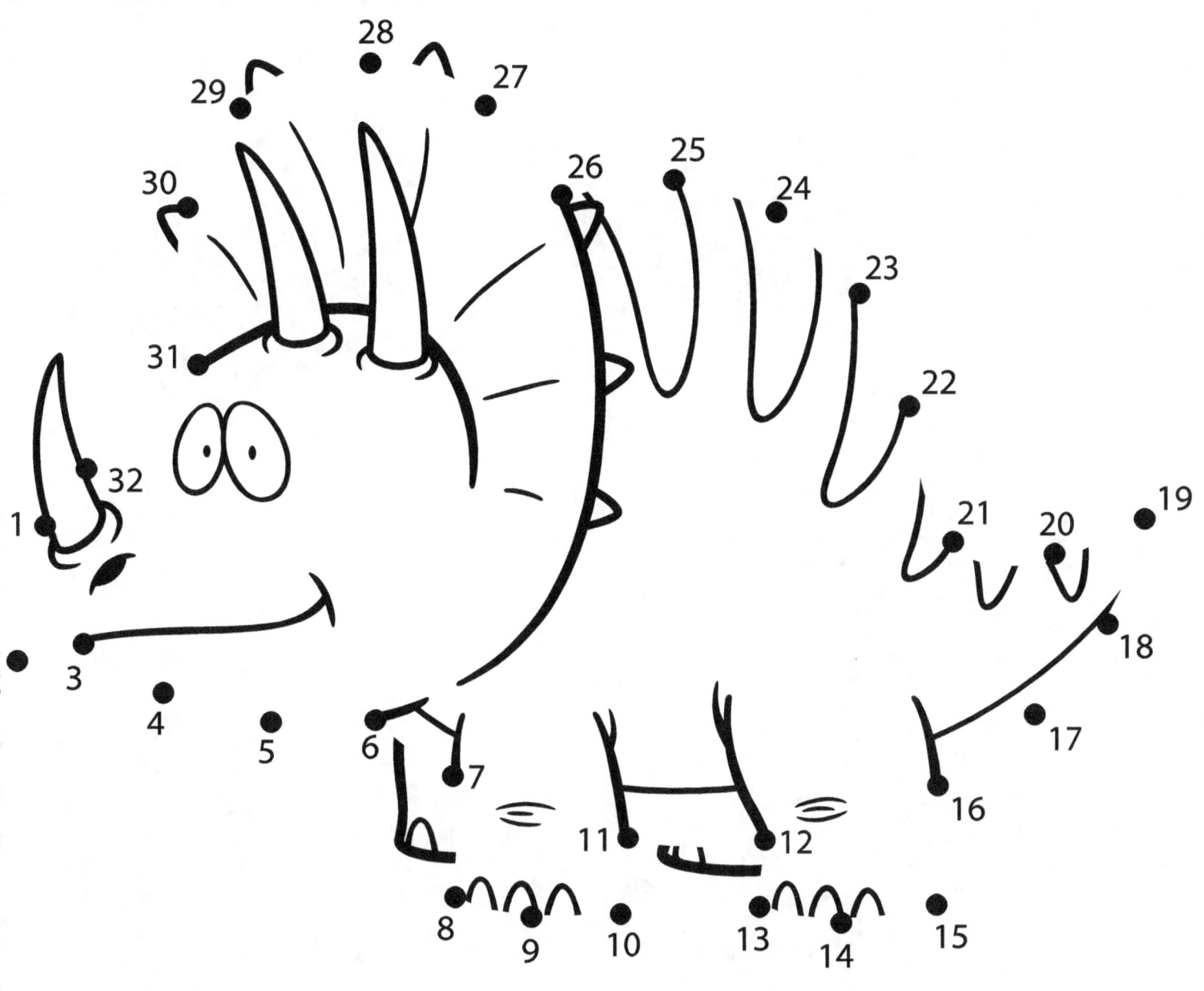

# DOT - TO - DOT

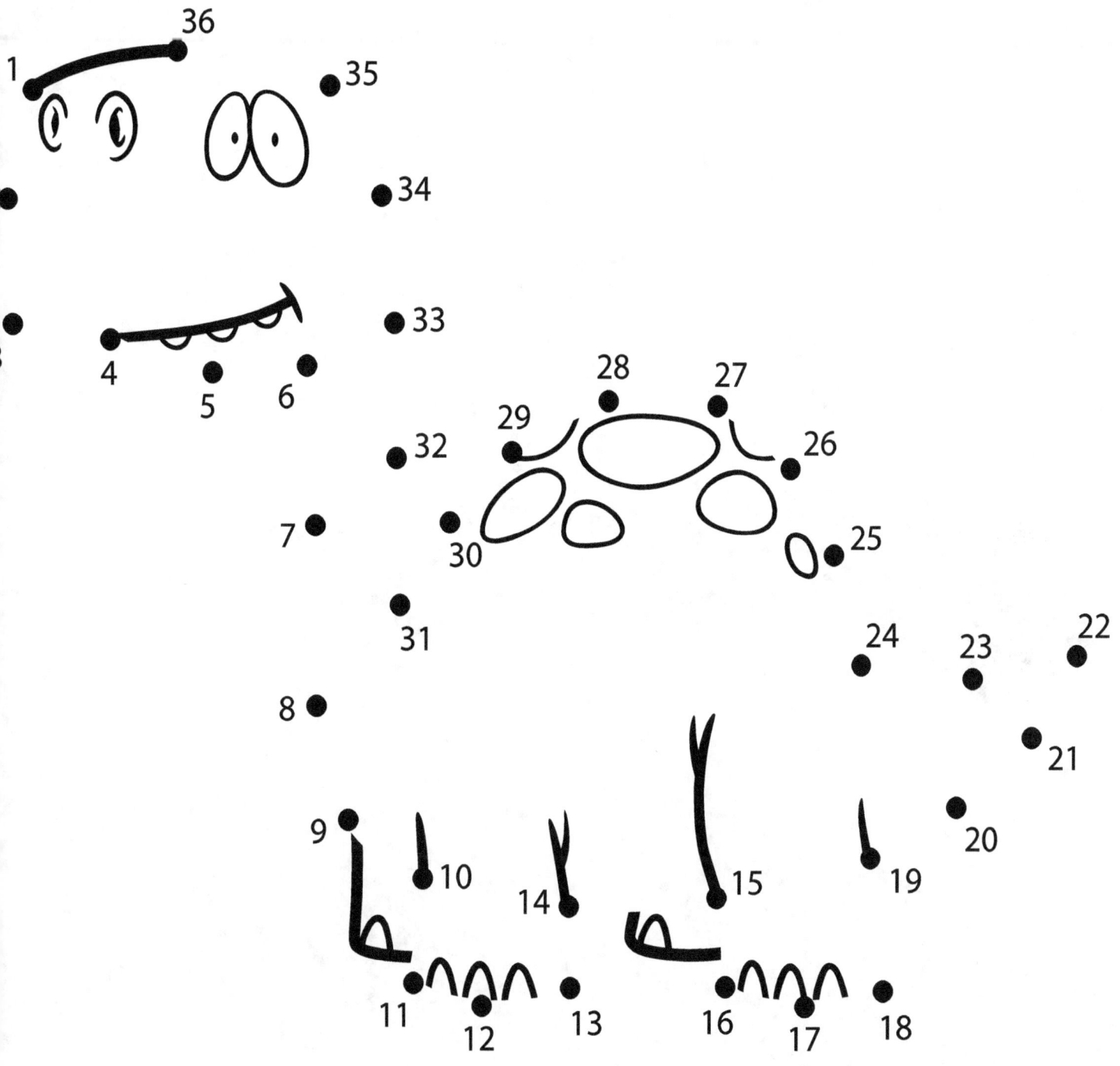

# DOT - TO - DOT

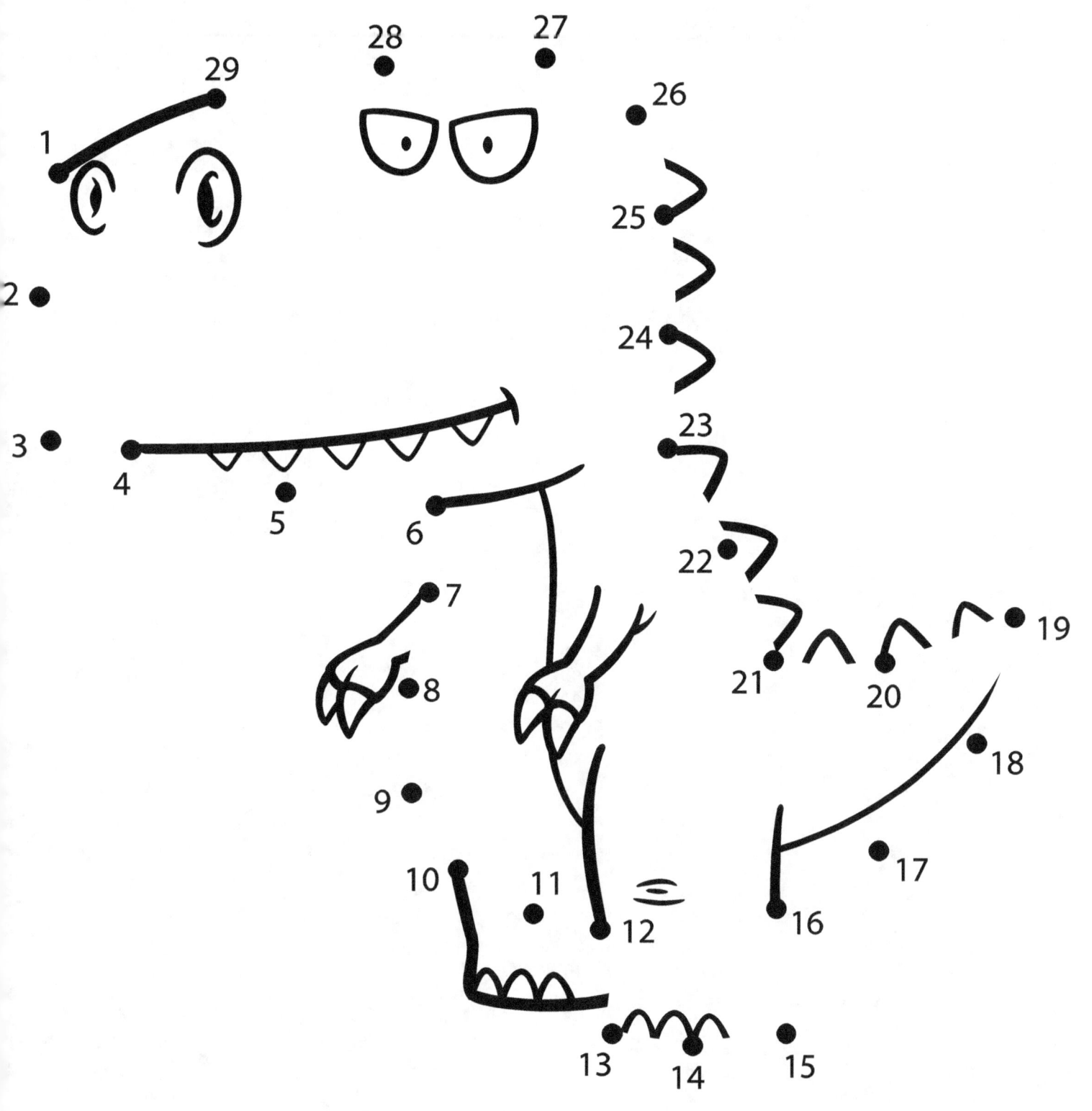

# DOT - TO - DOT

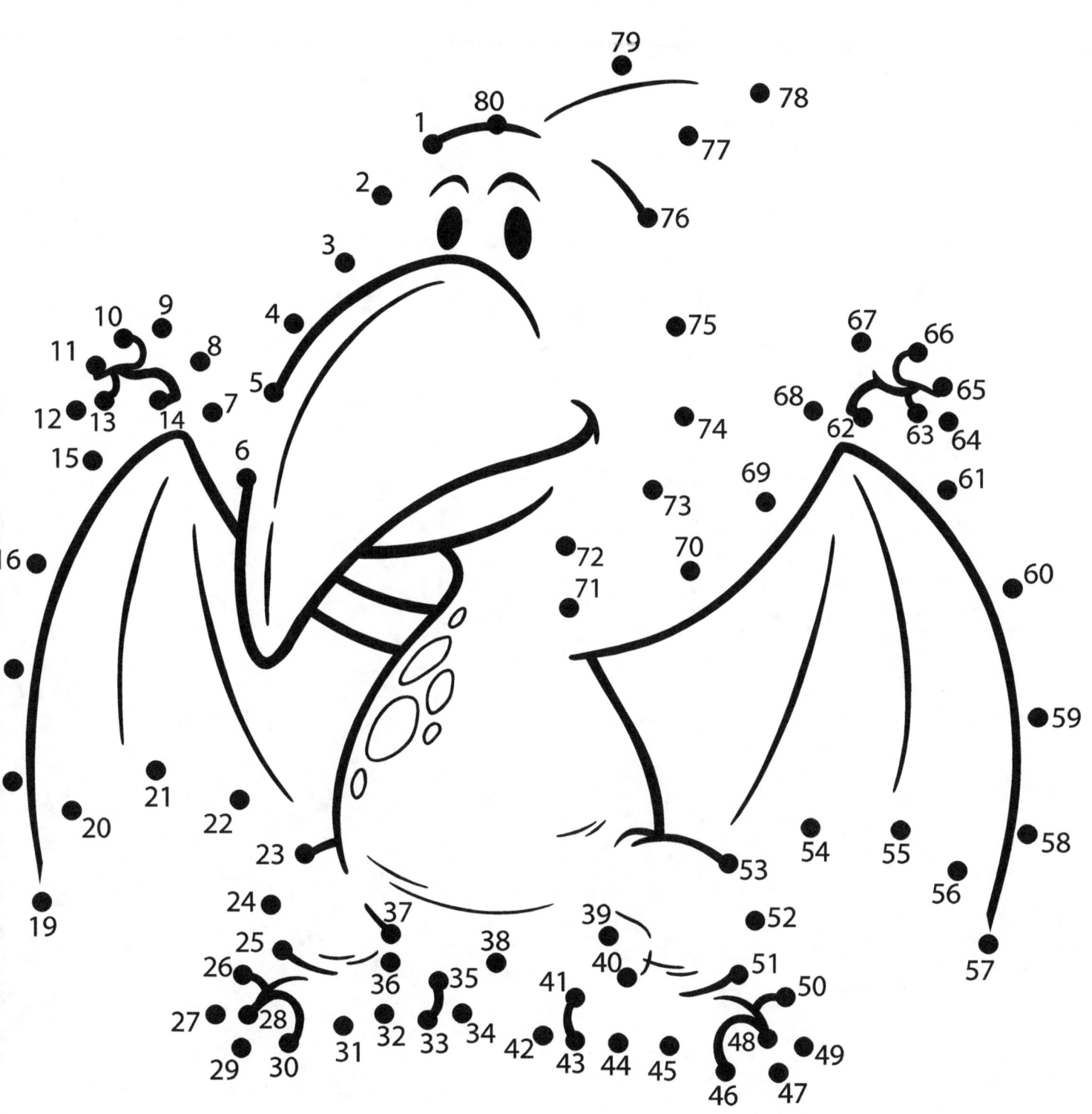

# DOT - TO - DOT

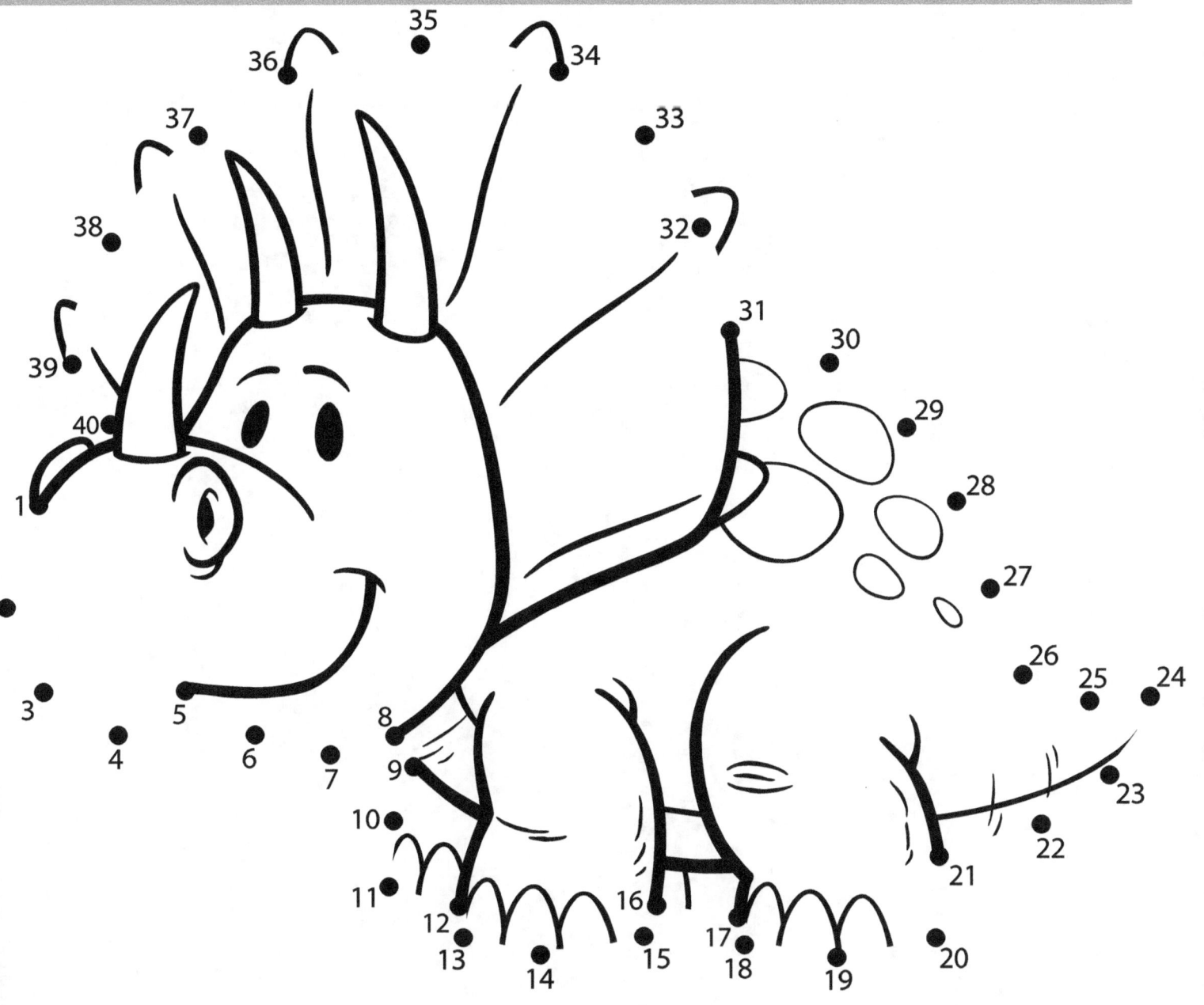

# DOT - TO - DOT

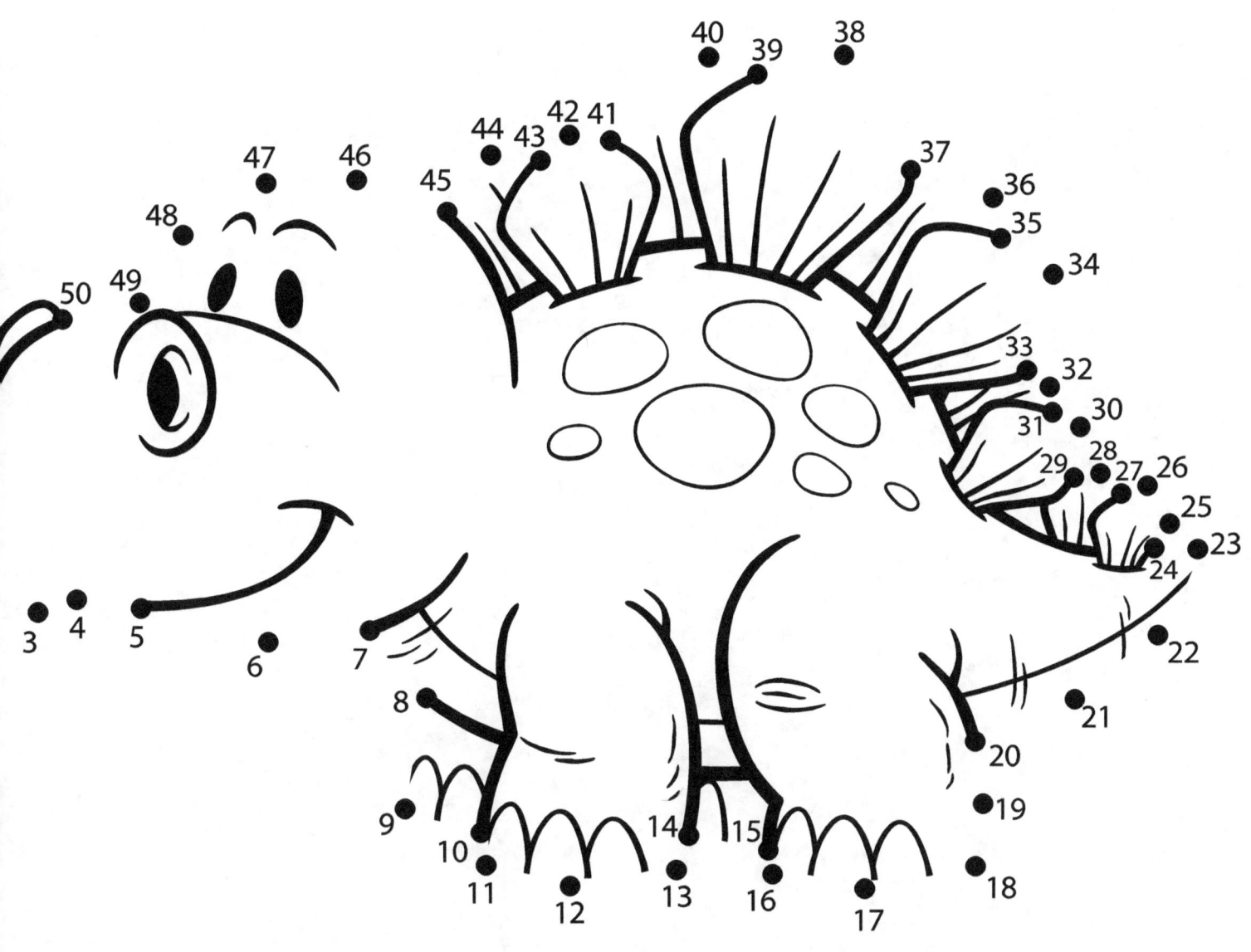

# DOT - TO - DOT

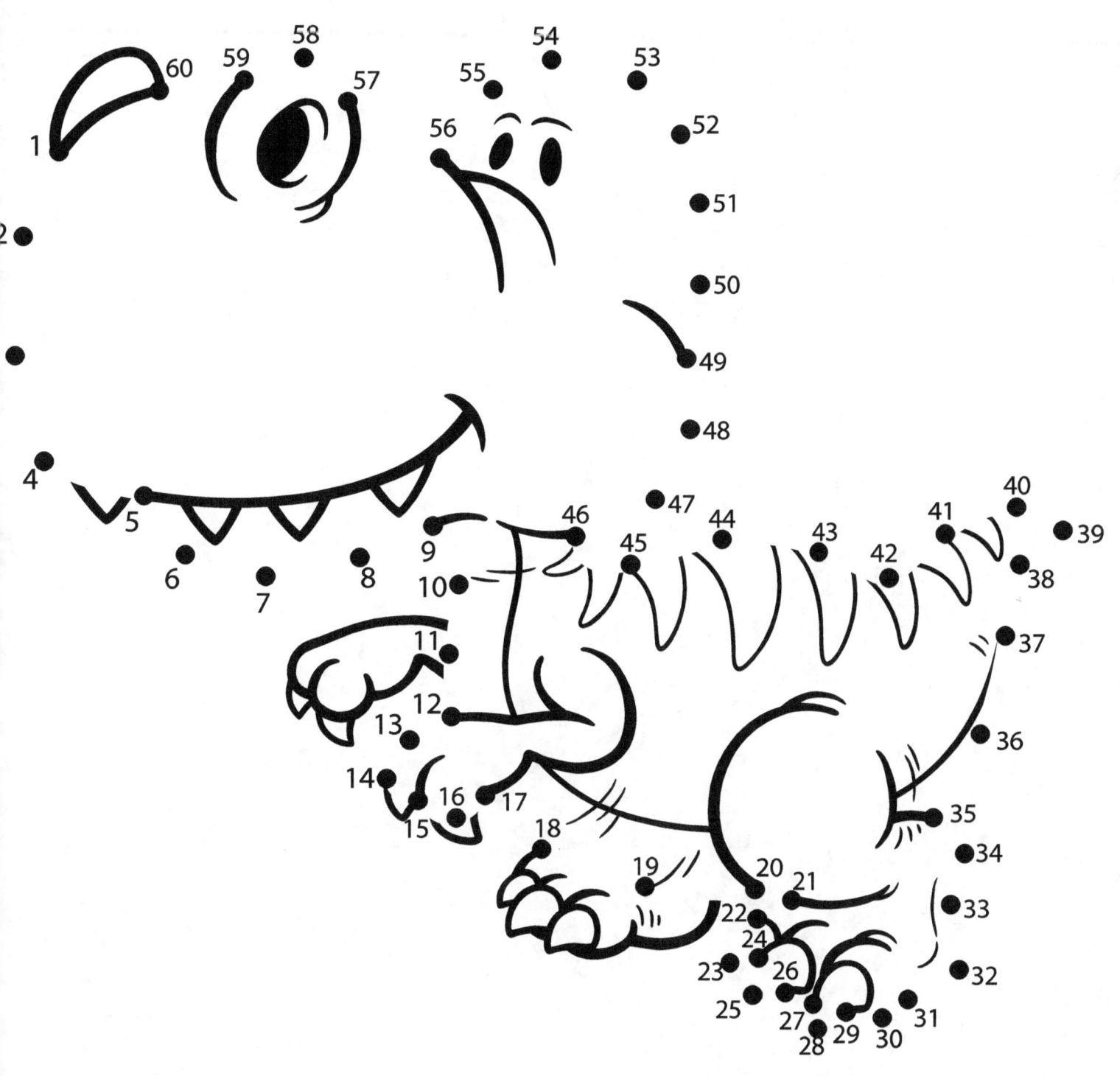

# DOT - TO - DOT

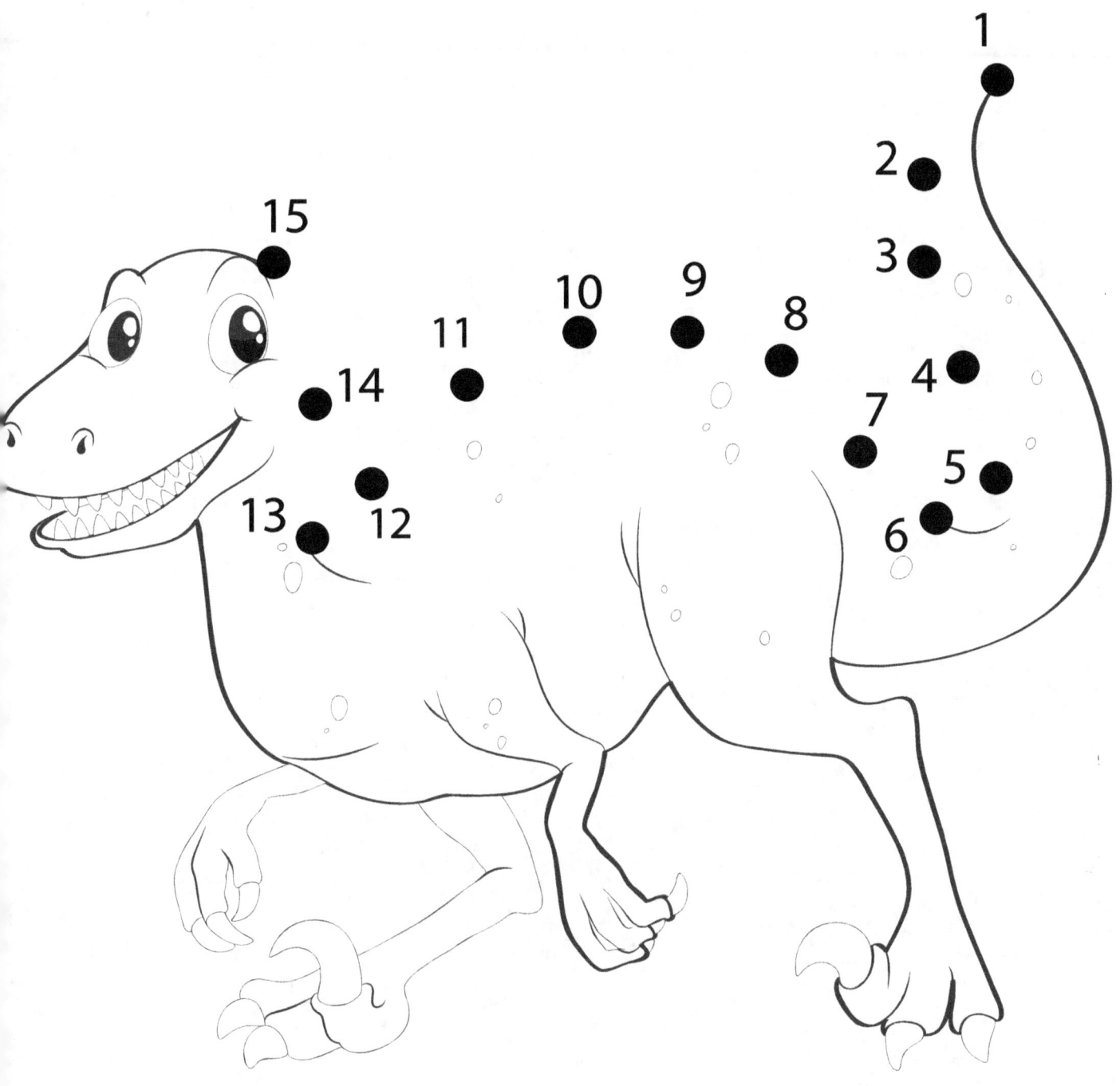

# DOT - TO - DOT

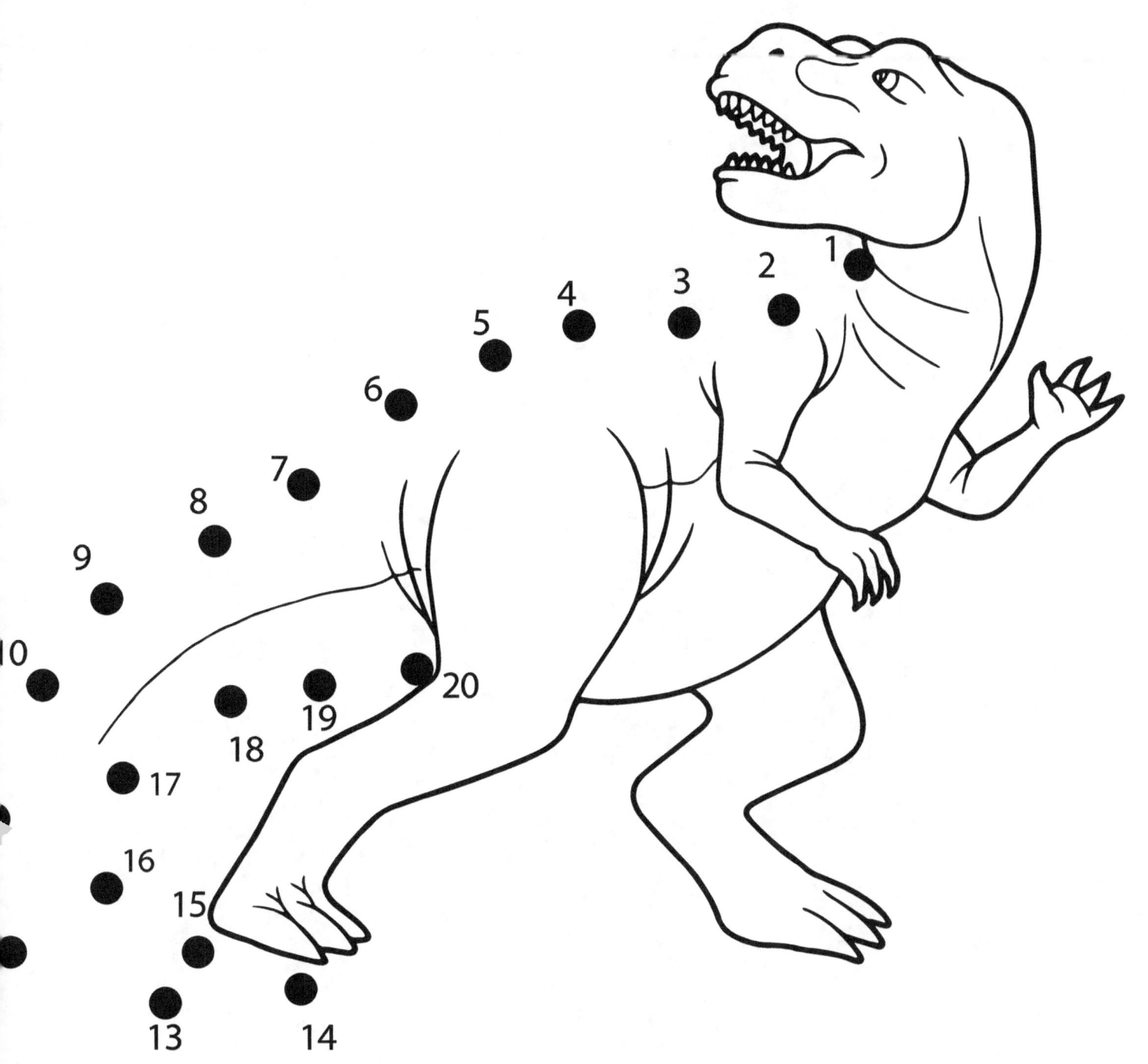

# DOT - TO - DOT

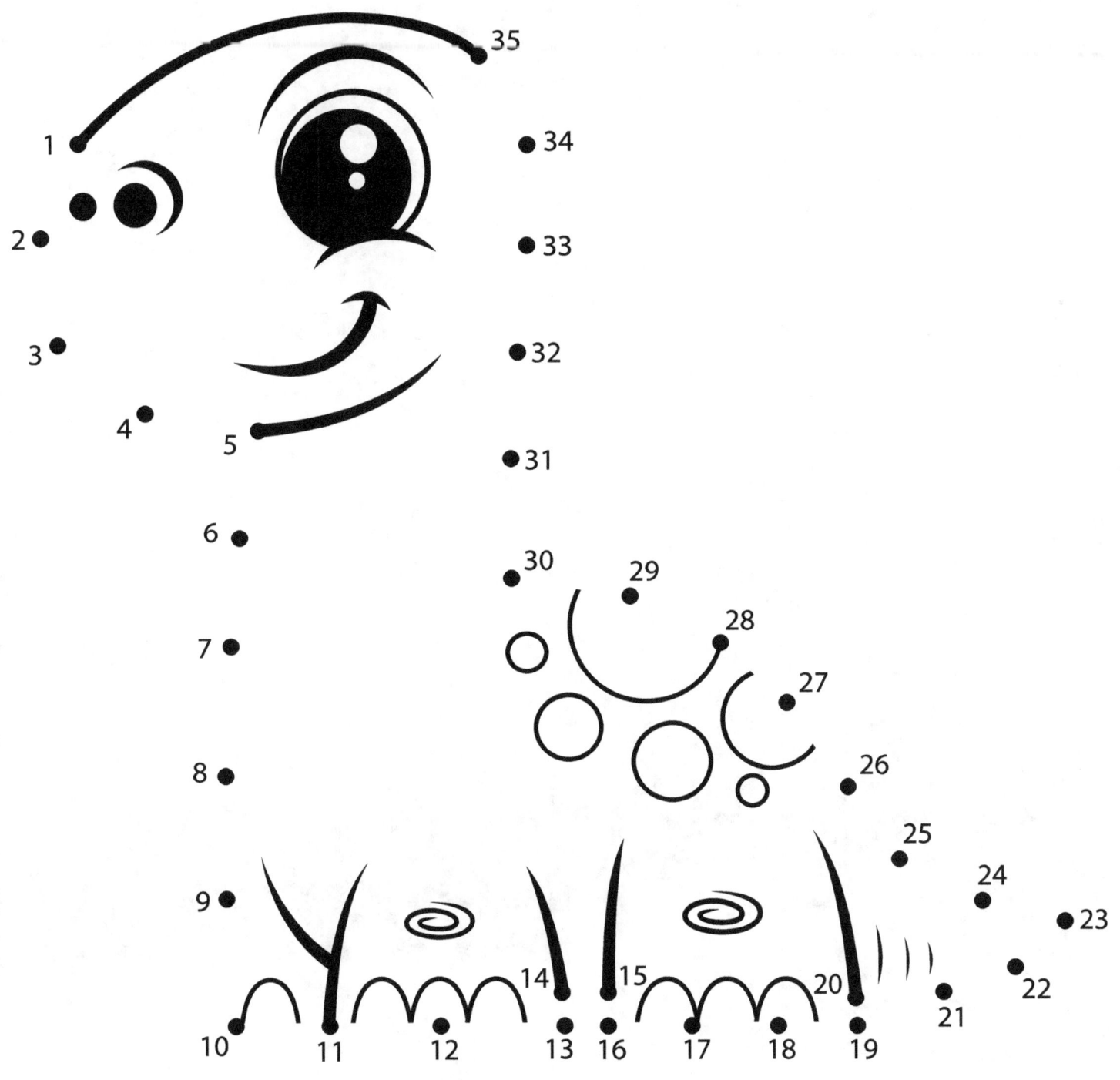

# DOT - TO - DOT

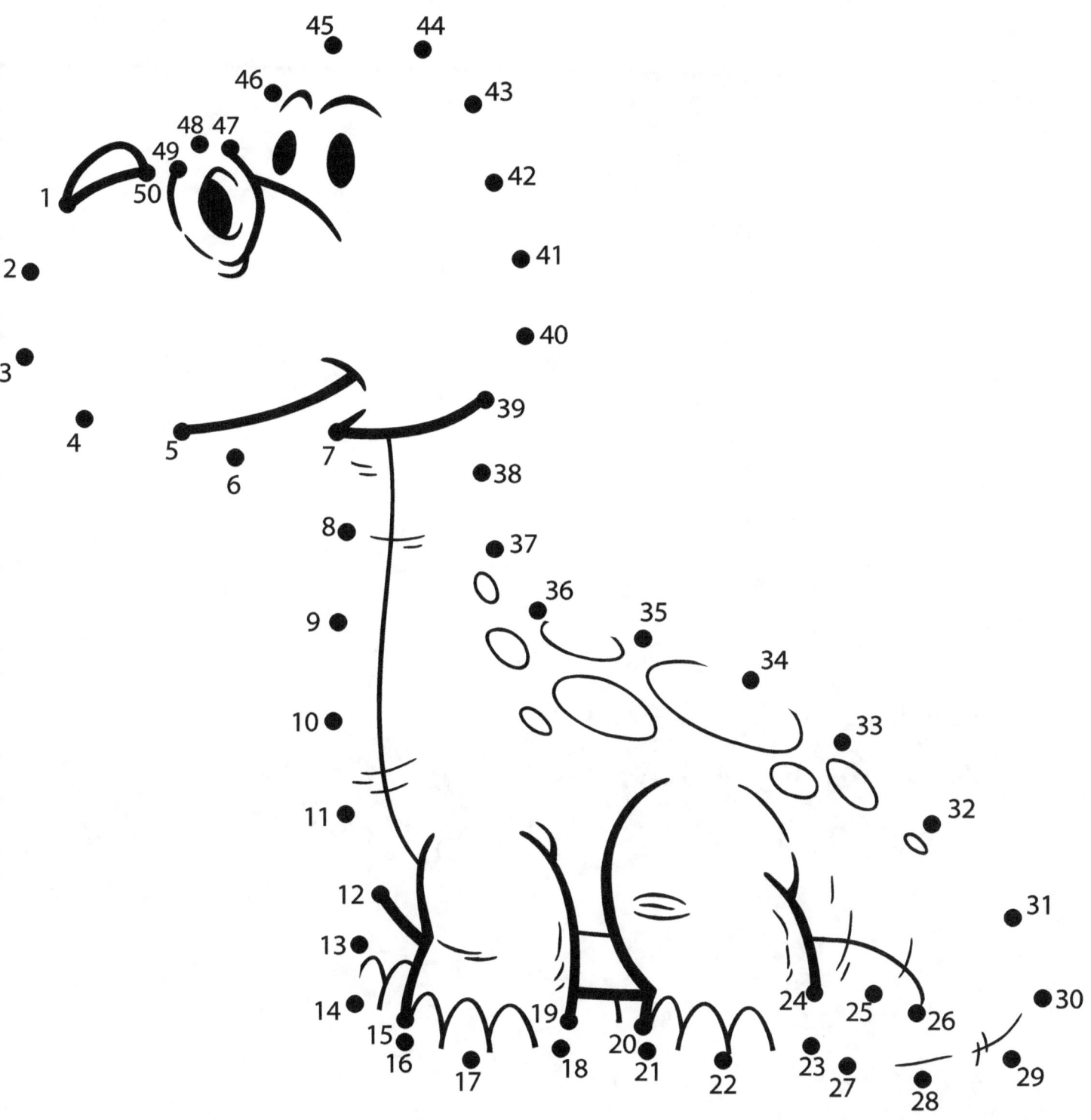

# DOT - TO - DOT

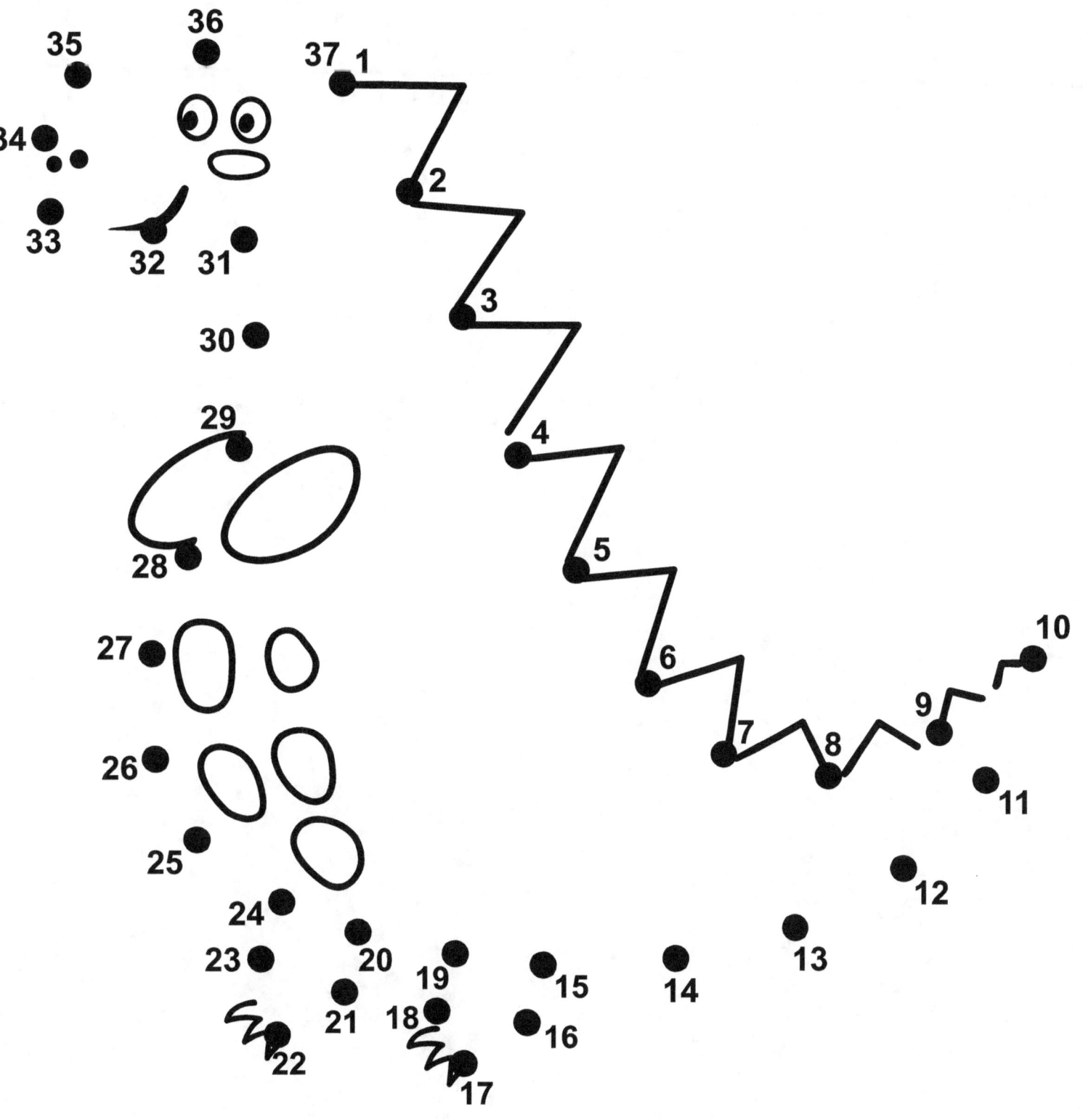

www.ingramcontent.com/pod-product-compliance
Lightning Source LLC
Chambersburg PA
CBHW080552220526
45466CB00010B/3126